OS PRISIONEIROS DO CRISTO

um livro de Rafael Lavarini

1ª Edição

RECIFE

2020

Copyright © 2020 by
Fergus Editora / Nova Visão
1º edição
Capa: Raul Costa
Diagramação: Carolina Medeiros
Revisão: Dennis Medeiros e Juan Torres

FERGUS EDITORA
Rua Francisco Vaz de Magalhães 480
CEP: 36.033-340, Juiz de Fora – MG

Pedidos de Livro à Fergus Editora – Departamento Editorial
Tel: (32) 99139-0862
E-mail: ferguseditora@gmail.com

P213p Lavarini, Rafael, 1987 –

     Prisioneiros do Cristo / Rafael Lavarini. 1. Imp – Juiz de Fora: Fergus, 2020.

     p

    ISBN 9786587834023

    1. Espiritismo. I. Título

                   CDD 133.9

AGRADECIMENTO

"Ninguém tem maior amor do que este, de dar alguém a sua vida pelos seus amigos." (João 15:13)

Após 32 anos vivendo ao lado de minha família carnal — que amo incondicionalmente —, me mudei para longe deles em busca de um sonho. Ainda que tenha sido doloroso, e é, ante as incertezas que os novos caminhos causam, tenho aprendido com os meus amigos do *Grupo Amigos de Paulo* que estar sozinho não é ser só. Encontrei em cada coração um familiar do espírito. Como não amá-los e atribuir a vocês todo e qualquer sucesso com o nosso propósito de *"Visitar os presos como se estivéssemos presos com eles"* [1]?

Minha Gratidão a quem me abrigou, com o teto material e do sentimento: Mário Jorge, Tarcila e Júnior, vocês amenizaram muito a falta de minha família, amo vocês como os meus.

---

1 *Menção à carta de Paulo aos Hebreus 13:3.*

Ao Tadeu e ao Altino, obrigado por acreditarem em nosso sonho e por serem os irmãos que a vida me fez reencontrar!

Aos apaqueanos voluntários, FBAC e, em especial, aos que estão no cumprimento de pena, estamos juntos e permaneceremos juntos neste trabalho de Amor.

Ao Rafael Papa, à Rede Amigo Espírita, à editora Fergus, minha gratidão por permanecerem acreditando em outras Centelhas do Cristo...

Por último, e não menos importante, aos irmãos de ideal do Lar Oficina Augusto Cezar Netto por terem abraçado a causa e serem Anjos da Apac Paulista.

A todos vocês que não me deixaram na solidão, vamos em frente com o nosso sonho e, assim, levaremos esperança a muitos corações. A Apac Paulista-PE não é um projeto do Rafael, mas de Deus, que tem se manifestado em cada um de vocês, segundo vossos dons!

Paulista-PE, agosto de 2020.

SUMÁRIO

13 O CAMPEÃO DO EVANGELHO

23 O PRISIONEIRO DO CRISTO

33 O APÓSTOLO DAS GRADES

45 CARIDADE SEGUNDO PAULO DE TARSO

57 PERDÃO: O MOVIMENTO DA PAZ

69 COOPERAÇÃO

79 BÊNÇÃOS: DAR, RECEBER; ESPIRITUALIZAR-SE

89 FÉ: AGIR E ESPERAR

101 VALORIZAÇÃO HUMANA

111 AUTORIDADE MORAL

127 DO AMOR NINGUÉM FOGE

O ESCRAVO ARREPENDIDO *137*

UTILIDADE *153*

SENTIMENTO PROFUNDO *163*

O QUE TE CONVÉM *171*

O DIÁRIO DE UM DETENTO *183*

OS SUPERIORES E OS INFERIORES *195*

ACOLHER, COM AMOR *205*

DEVEDORES *215*

OBEDIÊNCIA E CARIDADE *225*

HOSPEDEIRO *237*

COOPERADORES DO SENHOR *247*

LIBERDADE *257*

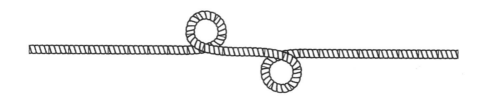

PREFÁCIO

Este livro não foi escrito para apontar crimes de ordem social e suas punições cabíveis por Lei. Foi escrito para trazer uma chuva de empatia e de amor ao irmão que cometeu algum crime. Veio para nos dizer que é possível, sim, recomeçar. Foi escrito para nos relembrar que todo mal pode ser reparado e que, enquanto existirem prisões, estaremos todos presos — mesmo que estejamos do lado de fora das grades.

A Mãe dos Órfãos de Calcutá disse que "quem julga as pessoas não tem tempo para amá-las", mas nós ainda julgamos demais e amamos de menos.

Quando alguém adoece, é levado ao hospital para ser tratado e depois volta às suas atividades normais. Afinal, ninguém espera que um paciente vá para o hospital para ser tratado e saia de lá ainda mais doente. Por que, então, mandar um doente social para um presídio sabendo que ele vai sair de lá "ainda mais doente"? Esquecemo-nos de que ninguém nasce criminoso; por isso, esforcemo-nos para eliminar o crime, e não o criminoso.

Seguindo os exemplos do Evangelho, o autor nos mostra que onde houver amor a multidão de pecados será apagada. Afinal, prisioneiros todos somos. Prisioneiros do trabalho. Prisioneiros do consumismo. Prisioneiros do desânimo. Prisioneiros de nós mesmos.

O convite desta obra é para que vejamos, na figura do Tecelão de Tarso, a vitória do amor sobre as prisões — pessoais ou sociais. São páginas que nos levam ao amor que nos liberta do mundo e nos faz prisioneiros do Cristo.

Somos prisioneiros porque estamos algemados ao passado e sempre à espera de encontrar as chaves que nos libertarão em algum momento no futuro. Enquanto vagamos entre os gritos do ontem e os ecos do amanhã, esquecemo-nos de que a liberdade se chama — e nos chama — HOJE.

Temos lutado por liberdade nas academias do intelecto, nas organizações sociais e, claro, na nossa individualidade. Lutamos por liberdade, mas não queremos nos livrar do que nos aprisiona. Muitas vezes nem nos damos conta de que estamos aprisionados. Outras sequer sabemos o que nos aprisiona. E, quando o sabemos, jogamos fora as chaves, quase sempre por medo. Sim, o medo da liberdade é maior que o desejo que temos por ela.

Acostumamo-nos à escravidão do que é descartável, do momentâneo e do que dura pouco. Por isso, temos medo do que é eterno; do que é duradouro. A liberdade, uma vez alcançada, é eterna — e isso nos assusta. As palavras do Evangelho nos assustam porque elas são palavras de Vida Eterna. Deus é incompreendido no nosso imediatismo porque ele é eterno. E tudo parece desabar quando nos vemos, sem olhar para o espelho, e descobrimos que também estamos imersos nesta Eternidade.

Que esta leitura te liberte e que, ao mesmo tempo, aprisione-te ao Cristo. Que estas páginas te abram as portas da eternidade, agora.

"Liberdade é pouco. O que eu desejo ainda não tem nome..." A frase de C. Lispector será completa quando percebermos que o nome deste desejo é AMOR.

Altino Mageste – Uttoxeter – Agosto 2020.

"Venha perante a tua face o gemido dos presos"

(Salmos 79:11)

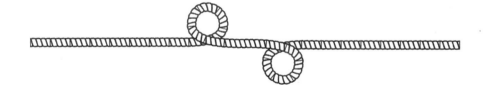

O Campeão do Evangelho

CAPÍTULO 1

CAPÍTULO 1 - O Campeão do Evangelho

Na obra *Paulo e Estêvão*, Emmanuel descreve o momento em que Paulo de Tarso, após ter sido preso em Jerusalém, e já há muito tempo encarcerado em Cesareia, se despediria da Palestina, fazendo sua famosa viagem a Roma; encontrava-se, o apóstolo dos gentios, no famoso porto de Cesareia, onde centenas de Cristãos vinham de toda parte para darem o seu *adeus*, como forma de homenagear um dos grandes líderes do cristianismo primitivo.

Paulo se despedia dos velhinhos trêmulos, das viúvas, dos escravos, dos leprosos, das criancinhas indefesas que o tinham como pai. Antes, verdugo; agora, um amigo amoroso que tanto trabalhou por fidelidade à causa e a cada uma das comunidades cristãs ali representadas.

Nessa fase de maturidade espiritual, o apóstolo dos gentios já havia compreendido que é muito mais importante compreender as diferenças do próximo do que dominar os conhecimentos do mundo. Agindo sempre em concordância com tal entendimento espiritual, Paulo de Tarso, pouco antes de ser preso, selou sua reconciliação com Thiago, com o qual, reciprocamente, tinha inúmeras diferenças, mas agora estavam em paz.

É por isso que, entre os que ali foram se despedir do apóstolo dos gentios, se encontrava o filho de Alfeu, já com idade avançada, fazendo esforço hercúleo para abraçar Paulo pela última vez com o corpo de carne, extremamente emocionado.

Aquela grande inteligência encarnada havia aprendido a cuidar muito bem dos filhos do calvário — conforme recomendação de Abigail no leito da morte —, como se fossem seus próprios rebentos.

A pequena multidão, que queria dar o último abraço no ex-rabino, naquele momento inesquecível à memória de todos os presentes, que representavam toda a comunidade cristã — da qual Paulo, antes verdugo, se tornara embaixador da fidelidade e da fé.

Emmanuel, com a riqueza de detalhes que lhe é particular, nos faz ter a impressão de sermos expectadores daquela cena emocionante com sua narrativa constante na obra — *Paulo e Estêvão* — cuja autoria espiritual vinha das esferas mais altas da vida:

> *"...O apóstolo dos gentios abraçou os amigos pela última vez. Todos choravam discretamente, à maneira dos sinceros discípulos de Jesus, que não pranteiam sem consolo: as mães ajoelhavam-se com seus filhinhos na areia alva, os velhos, apoiando-se a rudes cajados, com imenso esforço.* [1]

Por isso, meus irmãos, é necessário compreender que Jesus nunca preferirá a morte do pecador, mas sempre acreditará em sua redenção. Eis ali, um grande exemplo de que é possível, independente do erro cometido, a redenção pelo esforço e humildade em servir.

Como se não basteasse, *Emmanuel*, que não emprega adjetivos sem que houvesse merecimento do personagem — aliás, nem mesmo

---

1 *XAVIER, Francisco Cândido. Paulo e Estevão. Ed. 45. Brasília: FEB, 2018.*

CAPÍTULO 1 - O Campeão do Evangelho

Chico Xavier foi exaltado por seu guia espiritual, que descreve e rotula o apóstolo dos gentios da seguinte maneira:

> *"Todos os que abraçavam o <u>Campeão do Evangelho</u> punham-se de joelhos, rogando ao Senhor que abençoasse o seu novo roteiro..."* [2]

O homem, que em sua juventude era consagrado e coroado em Tarso como campeão das famosas bigas romanas — que representavam uma espécie de jogos olímpicos daquele tempo —, tornou-se *Campeão do Evangelho,* conquista da verdadeira coroa de louros espirituais.

Somente alguém que muito **amou**, muito **trabalhou**, que soube **esperar** e **perdoar** — os quatro verbos de Abigail, lema da vida de Paulo —, conseguiria modificar o quadro de pavor à adoração dos que seguiam Jesus, como o convertido de Damasco o fez.

Quem poderia imaginar, anos antes, que naquele momento estariam todos ali reunidos, com lágrimas de gratidão e admiração para se despedirem do ex-rabino, Saulo de Tarso. Mineiramente falando: *"Só Jesus na Causa!".* E não há dúvidas de que a intervenção Nazarena conduziu o noivo de Abigail aos caminhos sacrossantos da vida. Quem, portanto, estaria esquecido dessa infinita misericórdia? Ninguém. Os convites para seguir o meigo Rabi são individuais, variam de ser humano para ser humano. Faltam, muitas vezes, atenção e sensibilidade, corroídas pela cegueira e surdez do espírito. Foi por isso que o Cristo já havia alertado:

---

2 XAVIER, Francisco Cândido. Paulo e Estevão. Ed. 45. Brasília: FEB, 2018.

> *"Aqueles que têm ouvidos para ouvir, que ouçam."*
>
> *(Mt 13:9)*

Emocionado por vivenciar aquele fato histórico do cristianismo nascente — as despedidas a Paulo no porto de Cesareia —, o médico de homens e almas, amigo íntimo e companheiro fiel de Paulo, São Lucas, disse, após a histórica homenagem/despedida ao convertido de Damasco:

> *"Poucos fatos me comoveram tanto no mundo como este! Registrarei nas minhas anotações como foste amado por quantos receberam das tuas mãos fraternais benefícios de Jesus!..."* [3]

Antes desta viagem a Roma, Paulo estava preso há mais tempo em Cesareia. E, lá, percebe que não teria tempo nem oportunidade de colocar em prática um antigo desejo: escrever um Evangelho a partir dos relatos de Maria, a Mãe Santíssima. Determinou que Lucas viajasse até Éfeso e assim colhesse com a mãe de Jesus as informações necessárias, das quais ficaram então imortalizadas no livro Sagrado da Vida, o que o jovem médico fez antes da partida a Roma.

No entanto, Lucas havia recebido outra tarefa: o ex-rabino confiou a ele o registro da vida dos discípulos de Jesus após a crucificação, e é por isso que o médico de corpos e de almas escreve para toda posteridade cristã *Atos dos Apóstolos*.

---

3 *XAVIER, Francisco Cândido. Paulo e Estevão. Ed. 45. Brasília: FEB, 2018.*

CAPÍTULO 1 - O Campeão do Evangelho

Dessa forma, vendo aquela cena no porto de Cesareia, Lucas afirma que registraria o acontecimento emocionante no livro de *Atos*... Paulo, porém, adverte:

"Não, Lucas. Não escrevas sobre virtudes que não tenho. Se me amas, não deves expor meu nome a falsos julgamentos." [4]

Paulo aprendeu a se fazer pequeno. Homem virtuoso, que soube se apagar para Jesus crescer. Compreendeu que entre ele e o Cristo havia uma distância abismal, a qual séculos de trabalhos em prol do cristianismo não neutralizariam todo o mal que ele havia feito à coletividade que seguia o Messias no primeiro século da história pós-Jesus.

É válido ressaltar que Paulo de Tarso, como ex-criminoso, não se autossabotava. Soube dar-lhe o autoperdão e pagar através do amor o cumprimento de sua pena espiritual. Ensinou à posteridade que é necessário esforço diário em favor do bem coletivo, sem, no entanto, acreditar que qualquer mudança de vida significa *santidade*.

O verdadeiro cristão luta diariamente até o fim dos seus dias para ser um realizador, na certeza plena de que teu maior escudo contra as tentações da carne será a simplicidade, enquanto sua arma é a boa vontade em Servir à causa de Jesus; a saber que toda vitória pertence a Ele, por isso arremata a Lucas:

"Cala sempre, porém as considerações, os favores que tenhamos recolhido na tarefa, porque esse galardão só pertence a Je-

---

4 *XAVIER, Francisco Cândido. Paulo e Estevão. Ed. 45. Brasília: FEB, 2018.*

sus. Foi Ele quem removeu nossas misérias angustiosas, enchendo nosso vácuo; foi Sua mão que nos tomou caridosamente e nos reconduziu ao caminho santo." [5]

Paulo estava preso, com idade avançada, doente, em consequência de tantos maus-tratos sofridos e ciente de que estava indo a Roma para ser martirizado. Ainda assim, guardava no coração a Fé no filho de Deus que havia compreendido o proposito Dele à sua vida.

Diante disso, o apóstolo dos gentios arremata suas orientações a Lucas em relação ao livro de *Ato dos Apóstolos*:

"Escreve, portanto, tuas anotações do modo mais simples e nada comentes que não seja para glorificação do Mestre no seu Evangelho imortal!..." [6]

O livro *Paulo e Estêvão* é um clarão que desvenda fatos da história real do cristianismo nascente. De fato, tais acontecimentos não são registrados em *Atos*, tampouco nas cartas, que não deixam de ser ao lado dos Evangelhos nosso roteiro de Luz, as *Palavras de Vida Eterna*.

Nossa querida e amada Irmã Aíla Pinheiro, que tanto nos orienta acerca dos episódios do cristianismo, afirma que:

"Paulo e Estêvão é os bastidores de Ato dos Apóstolos"

---

5 XAVIER, Francisco Cândido. Paulo e Estevão. Ed. 45. Brasília: FEB, 2018.
6 XAVIER, Francisco Cândido. Paulo e Estevão. Ed. 45. Brasília: FEB, 2018.

CAPÍTULO 1 - O Campeão do Evangelho

E nós complementaríamos que *Paulo e Estêvão* é *Atos dos Apóstolos* revisado e atualizado pelos espíritos das esferas mais altas da vida, dos quais, Emmanuel foi um médium evangelista, nos alegrando com esta história, que servirá, no decorrer deste livro como cão-guia aos cegos espirituais que ainda somos.

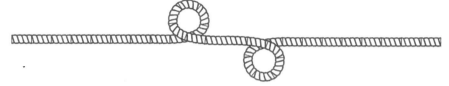

"Não que já a tenha alcançado, ou que seja perfeito; mas prossigo para alcançar aquilo para o qual já fui também preso para Cristo Jesus."

(Paulo aos Filipenses 3:12)

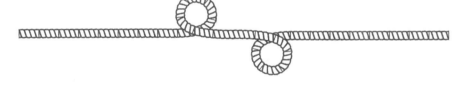

O Prisioneiro do Cristo

CAPÍTULO 2

CAPÍTULO 2 - O Prisioneiro do Cristo

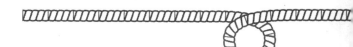

Diante das emoções daquela despedida à comunidade cristã da antiga Judeia, o próprio centurião romano, responsável por aquele preso ilustre, ficou sensibilizado. A partir de então, passou a estar sempre próximo de Paulo de Tarso. Júlio, ouvindo ainda as pregações diárias que o convertido de Damasco fazia naquela embarcação, pôde ser orientado quanto ao perigo que enfrentaria se seguissem viagem.

Após passar tais informações aos capitães daquela embarcação, Júlio foi alvo de piada, ironia e ameaça dos mesmos, que não queriam dar crédito a um preso, velho, doente e desprezível. Mal sabiam que ali estava presente alguém que se assemelha ao homem que se encontra no topo de uma montanha e, de lá, consegue observar tudo o que se passa abaixo. Sendo, portanto, capaz de prever os acontecimentos futuros. Sobre este assunto, Allan Kardec dá mais explicações no livro *A Gênese*, em seu capítulo XVI, intitulado *Teoria da Presciência*.

Conforme previsto por Paulo, todos os tripulantes do navio passaram por dias difíceis. Com ventos contrários que perduraram por duas semanas, persistiram bravamente, na luta pela sobrevivência diária. Até conseguirem chegar à ilha de Malta, muito abatidos, com esgotamento físico, mental e espiritual.

No mesmo dia da chegada, o capítulo 28 de *Atos dos Apóstolos*, assim como *Paulo e Estêvão*, narra um fato interessante. Como estavam com frio, trataram de fazer fogueiras para se aquecerem. Paulo de Tarso, juntando alguns galhos, foi picado por uma cobra venenosa, que, segundo o que informavam os nativos a Lucas, o convertido de Damasco viveria poucas horas. Além disso, demonstraram um pouco do que os homens fazem até os dias atuais com maestria, julgaram e faltaram com indulgência:

> *"Este homem deve ser um assassino. Ele escapou do mar, mas mesmo assim a Justiça não permite que continue vivendo" (Atos 28:4)*

O médico de homens e almas, aflito, foi relatar a Paulo, que permaneceu tranquilo. E, como não ocorreu nada, nem mesmo uma febre, todos que antes o amaldiçoaram, agora diziam que Paulo era um deus.

Passado o período do inverno na ilha, efetuando curas e distribuindo bênçãos da Boa Nova, enfim puderam seguir viagem e chegar definitivamente ao continente italiano.

Desembarcou, agora, a maioria dos romanos, com extremo respeito e reverência ao prisioneiro ilustre, no famoso porto de *Pozzuoli*, nas proximidades da atual Nápoles.

Nesse momento, ocorre um fato emocionante e que marcaria a história do cristianismo: Júlio, o centurião, agora tão afeiçoado à figura Paulina, precisa cumprir seu papel diante de César, tendo que algemar Paulo de Tarso, o que naturalmente o deixou constrangido. O ex-rabino, tendo percepção disso, encoraja-o conforme nos narra a sempre citada obra *Paulo e Estêvão*:

CAPÍTULO 2 - O Prisioneiro do Cristo

"Ora esta, Júlio, não te incomodes! Sei que tens necessidade de algemar-me os pulsos para a exata execução de teus deveres. Apressa¬-te a fazê¬-lo, pois não me seria lícito comprometer uma afeição tão pura, qual a nossa." [7]

Diante da humildade de Paulo em ser algemado, ainda que não houvesse cometido crime algum aos olhos do mundo, entregou suas mãos ao serviço do romano sem reclamar ou se rebelar.

Quantas vezes, ao recordarmos ou vermos uma pessoa sendo algemada, ainda que inconsciente, julgamo-nos superiores a ela.

É, em verdade, São Paulo, aguardando como uma lagarta aguarda o momento do seu voo de liberdade.

Para tanto, muitas vezes, o ser humano encarcerado precisa de alguém que lhe dê asas de acolhimento e orientação. A partir disso, e através desse intermediário do alto, Jesus poderá se manifestar na existência de qualquer pessoa, independente do erro que tenha cometido.

E o que não é o planeta terra, se não uma grande prisão? Da qual, estamos encarcerados coletivamente, presos no corpo físico e impedidos de desfrutarmos da nossa liberdade espiritual, em consequência dos erros tenebrosos de nosso passado. Todos, portanto, carregamos nossas algemas e correntes fluídicas.

---

7 XAVIER, Francisco Cândido. *Paulo e Estevão*. Ed. 45. Brasília: FEB, 2018.

No Brasil, a Lei Nº 7.210, de 11 de julho de 1984, que se refere à Lei de Execução Penal (LEP), em seu artigo 10°, nos afirma que:

A assistência ao preso e ao internado é dever do Estado, objetivando prevenir o crime e orientar o retorno à convivência em sociedade.

Infelizmente, apesar de termos na LEP um texto maravilhoso, a realidade não é coerente com o papel. Pois as estatísticas demonstram uma reincidência no crime da maioria dos que adentram ao sistema penitenciário brasileiro.

Mas, observando a lei, que é fantástica — apesar de não ser cumprida —, e relacionando-a à "LEP de Deus", afirmamos:

A assistência ao reencarnante é dever dos benfeitores espirituais que trabalham para o Bom Pastor — Jesus —, que conhece todas essas ovelhas pelo nome. Esse auxílio do alto vem em forma de intuições e orientações, tendo, por consequência, a distribuição do bom ânimo e da esperança para enfrentar os labores da vida.

Esse auxílio que emana da espiritualidade amiga não isentará a necessidade do esforço individual para romper essas algemas fluídicas, às quais a maioria dos terráqueos está presa. Não há, portanto, transformação para o bem sem movimento constante no esforço de cada dia.

CAPÍTULO 2 - O Prisioneiro do Cristo

Sendo o homem no mundo esse prisioneiro espiritual das próprias convenções egoísticas, por que tantos julgamentos aos irmãos de caminhada que tiveram seus crimes descobertos?

Por que nós, outros carregados de ignorância, orgulho e insensatez, crendo por *delirium* sermos melhores que alguns irmãos de jornada, dos quais se encontram apenas em lados opostos que o nossos nas grades da existência humana...

Periodicamente, Francisco Cândido Xavier visitava os presídios, se colocando ao lado dos irmãos encarcerados — literalmente. Chico fazia questão de entrar nas alas tidas como proibidas para visitantes, dado o grau de periculosidade dos irmãos ali trancados. Nos dias atuais, muitos cristãos/espíritas são seletivos no amar. Por exemplo: fazem ações aos irmãos em situação de rua. No entanto, só distribuem alimentos, mensagens e acolhimento aos que não são usuários de drogas, pois estes são perigosos. Em verdade, são os que mais precisam de abraço, atenção, compaixão e por último de um prato de comida, que também é importante.

Xavier fazia questão de entrar e estar em todos os pavilhões, abraçando um a um os irmãos e ainda costumava perguntar aos responsáveis do presídio:

"Quantos somos?".

Em uma das famosas reuniões, à *sombra do abacateiro*, que ocorria na cidade de Uberaba, junto à periferia, amigos que estavam próximo de Chico comentavam sobre o aumento da periculosidade e

29

dos crimes em nossa nação. Enquanto outros falavam sobre a necessidade de a população se defender com armas, o médium mineiro permanecia em silêncio até ouvir uma última opinião dos amigos que ali estavam:

"— acredito que para estes só a pena de morte…".

Nesse momento, porém, com a simplicidade que lhe era peculiar, sem faltar com a verdade embalada no amor, o Francisco Cândido finaliza o assunto levando aos presentes e a todos nós um mundo de reflexão:

"Emmanuel costuma dizer que o criminoso é sempre um de nós que foi descoberto…". [8]

Não compreendam essas reflexões como um incentivo ao crime, seja este aos olhos da Lei humana ou ainda da Lei de Deus. Não, assim como Jesus exerceu o *"Vá e não tornes a pecar"*, em diversos momentos de sua vida pública, diante daqueles que haviam cometido crimes para o mundo ou para Deus, nós também afirmamos que somos contra o crime.

---

8 BACCELLI, Carlos. Chico Xavier à Sombra do Abacateiro. Cap. Num sábado de 1982, Ed. 1. Uberaba: André Luiz, 1986.

CAPÍTULO 2 - O Prisioneiro do Cristo

Mas acreditamos no criminoso e, por isso, o servimos. Para que um dia ele também tenha sua estrada de Damasco, *combata seu bom combate e guarde a Fé. Pois tudo podemos no Cristo que nos fortalece.*

O centurião Júlio, diante de um encarcerado do mundo — quase liberto das algemas do orgulho e do egoísmo —, inspirado por força maior, imortalizou a seguinte frase, que foi dita com o coração banhado em lágrimas de reconhecimento e admiração a Paulo de Tarso:

"Disputo a alegria de ficar convosco. Quisera ser, como vós, um prisioneiro do Cristo!..." [9]

Não mais um religioso preso aos preconceitos, encarcerado nos dogmas, detento da arrogância do teu querer desenfreado; agora, um prisioneiro vulgar aos olhos do mundo, em atitude de humildade e servidão a uma Causa muito maior.

Paulo de Tarso — diante do mundo, talvez, um incapaz — distribuiu, como poucos, alegria e esperança a quantos lhe ouvissem o verbo eloquente ou que recebessem os favores dos céus nas diversas curas efetuadas por ele, conforme nos afirma *Atos dos Apóstolos (19:11)*:

"E Deus pelas mãos de Paulo fazia maravilhas extraordinárias".

---

9 XAVIER, Francisco Cândido. *Paulo e Estevão*. Ed. 45. Brasília: FEB, 2018.

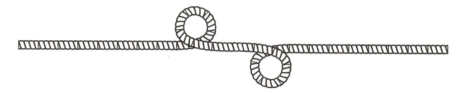

"Lembrai-vos dos presos, como se estivésseis presos com eles..."

(Hebreus 13:3)

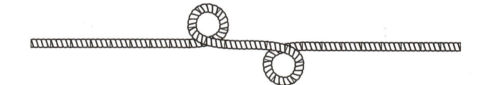

O Apóstolo das Grades

CAPÍTULO 3

CAPÍTULO 3 - O Apóstolo das Grades

Para que Paulo fizesse tal exclamação na famosa carta aos Hebreus, certamente haveria de ter grandes experiências em suas diversas prisões. Seja em Corinto, Jerusalém, Cesareia, Filipos ou mesmo em Roma. O fato é que o discípulo de Gamaliel havia atingido um nível de amor em que os preconceitos diante do erro alheio já não faziam parte de sua existência. Antes disso, ele também esteve na posição do errante, que recebe do alto a misericórdia.

Ao chegar a Roma, na conhecida cidade das *sete colinas* através da famosa via Ápia, faz-se lembrar da chegada triunfal de Jesus em Jerusalém. Pois Paulo adentra a cidade eterna escoltado por centenas de cristãos de diversas cidades e vilas que circunvizinhavam Roma. Seria ali mesmo, anos mais tarde, que o convertido de Damasco padeceria seu martírio, sendo decapitado por soldados romanos, que trabalhavam na famosa guarda pretoriana ao prefeito Tigelino, sob comando do imperador Nero.

Paulo, alguns dias depois de sua chegada a Roma, passou a cumprir prisão domiciliar, tendo em vista sua cidadania romana. No entanto, o que chama a atenção é que ele fazia questão de ter sua refeição diária junto aos presos na cadeia situada na Via Nomentana. Na obra *Paulo e Estêvão*, Emmanuel narra que essa alimentação era uma *"ração humana"*, ou seja, uma comida semelhante ao alimento destinado aos animais.

35

Infelizmente, apesar do alto custo mensal de um presidiário, ainda nos dias atuais a alimentação não é a ideal. Faltam vestuário, produtos de higiene pessoal, água potável, asseio e saneamento básico, espaço físico adequado, segurança, assistência jurídica, acompanhamento psicológico, médico, odontológico, psiquiátrico, estudo, assistência à família e também à vítima — sempre esquecida nos processos —, apoio religioso e, sobretudo, dignidade no cumprimento da pena. Pois, além de seu caráter de reclusão, impedindo o infrator de dispor da liberdade, não se estabelece a recuperação deste indivíduo. Quem perde? A sociedade, que volta a tê-lo ainda mais embrutecido, cometendo novos crimes.

Segundo a Lei de Execução Penal, no Brasil, em seu parágrafo único, no artigo 11°, relativo ao período de cumprimento da pena e também após o período de reclusão, determina-se:

Parágrafo único. A assistência estende-se ao egresso.

Art. 11. A assistência será:

I – material;

II – à saúde;

III – jurídica;

CAPÍTULO 3 - O Apóstolo das Grades

IV – educacional;

V – social;

VI – religiosa.

Talvez tenha sido por todo este contexto que destoa entre o papel e a realidade que eu tenha me impressionado ao adentrar em uma *Associação de Proteção e Assistência ao Condenado (Apac)* — pela primeira vez. Há sete anos, quando cursava Psicologia por uma universidade em minha terra natal. Através de uma oportunidade de estagiar naquela unidade prisional, que, segundo comentavam, era uma *Obra de Deus* na vida do encarcerado.

Confesso que naquele dia senti frio na barriga, tremores em todo o corpo e sudorese excessiva, ao estar em uma unidade prisional pela primeira vez. Eu deveria atender um recuperando — termo utilizado para descrever o ser humano que cometeu algum crime e se encontra em recuperação —, do qual, em respeito do mesmo e de seus familiares, pouparemos o nome.

Antes de estar na Apac, uma das recomendações da professora coordenadora do estágio foi que o atendimento deveria ser realizado de *portas abertas*. Confesso que, a partir dessa fala, fiquei *cismado*.

Ademais, segundo constava no senso comum, a Apac não era um local de harmonia, uma obra de Deus no coração do encarcerado? Certamente, a meu ver, tratava-se de um presídio que acolhia aos que cometeram pequenos delitos. Mas a recomendação das *portas abertas* me fez temer um bocado. Detalhe: eu não escolhi estagiar naquela unidade prisional. O fato se deu pois, deixando para *última hora*, quando fui fazer a inscrição do estágio só me restava lá...

37

Desde a entrada — no regime semiaberto —, já me surpreendi. Todos ali pareciam ser funcionários daquela unidade prisional, mas eram os próprios recuperandos que utilizavam roupas *"normais"* e limpas. Além de ter observado que cada um estava exercendo um labor — o que já era uma grande surpresa —, de não ter visto ninguém atoa ou matando o tempo; também não havia mau cheiro partindo daqueles homens. O chão estava mais limpo do que em muitos lares e locais que eu frequentava; os jardins bem cuidados, todos sorrindo... surreal aquele local! Ou tinha algo de errado ou aquela era uma unidade destinada a recuperandos que haviam cometido pequenos delitos e que eram, portanto, recuperáveis.

Adentrei ao chamado *regime fechado*, e novas surpresas me aguardavam. Dezenas de homens também trabalhando sem parar. Enquanto que no regime semiaberto os trabalhos eram voltados para profissionalização do indivíduo, ali eu observava que era uma espécie de laborterapia, pois, das mãos daqueles homens antes embrutecidos no crime e nas lutas ásperas da vida, eu poderia ver peças maravilhosas de artesanatos de verdadeiros profissionais da carpintaria — profissão do nosso Mestre e Senhor, Jesus Cristo.

Perguntei pelo jovem que passaria por meu atendimento, já sem saber se não era eu quem estava passando por um tratamento de senso social, psicológico e espiritual naquele encontro com a Apac, que marcava minha alma em suas entranhas mais profundas.

Ao encontro de meu *paciente*, preparando-me para a terapia na sala destinada a este trabalho — já não sabia quem iria atender quem —, na mente eu carregava algumas ferramentas repassadas pela professora do estágio, a fim de conduzir aquela terapia da melhor ma-

CAPÍTULO 3 - O Apóstolo das Grades

neira possível segundo os conceitos da abordagem terapêutica. Foi então que recebi do recuperando a seguinte pergunta:

"Posso fechar a porta?".

Era tudo que eu não gostaria de ouvir. Estava naquele momento no meu primeiro conflito profissional/emocional/espiritual, de um lado a recomendação da coordenadora do estágio, por outro meu compromisso com o ser humano. E, entre os dois, bastante medo.

Esforçando para não transparecer o temor/conflito, permiti as *portas fechadas*. Foi então que, pela primeira vez, alguém que havia cometido crime diante do mundo desabafava comigo. Meu pensamento era um turbilhão de emoções: dogmas que caíam por terra, técnicas profissionais que não faziam sentido e a recomendação de Carl Gustav Jung que ressoava em minha mente e coração:

"Domine todas as técnicas, mas, ao tocar uma alma humana, seja apenas outra alma humana...".

Após ouvir aquele irmão que adentrava ao sistema penitenciário após cometer crimes contra a vida, com barbaridade, eu estava em estado de choque. Pois, *minha ficha havia caído*, a Apac não acolhia apenas pessoas que haviam cometido pequenos delitos. Ao contrário, parecia surreal tudo aquilo existir.

Muitas vezes, ansiamos um dia viver em uma terra regenerada pelo Amor, mas em primeiras experiências nos sentimos atônitos.

Ao findar aquele primeiro atendimento, já fora da Associação e dentro do carro, chorei compulsivamente. Até hoje não sei explicar os reais motivos daquele pranto, talvez um misto de reencontro do compromisso assumido, compaixão com o irmão atendido, neutralização de preconceitos. Enfim, lavei minha alma e, ao cessar daquela emoção, entrei no *Google* para pesquisar o nome do fundador daquela instituição e me deparei logo com a famosa frase deste apóstolo do cárcere:

"Ninguém é Irrecuperável" (Mario Ottoboni).

Com o tempo, fui conhecendo melhor a Apac e, percebendo que lá a alimentação não era ração humana, ao contrário, uma comida simples, mas saudável, preparada pelos próprios recuperandos; que a limpeza da unidade, da qual me impressionou à primeira vista, também era feita por eles; que não havia celas com superlotação; todos tomavam banho diariamente, recebiam produtos de higiene pessoal; seus familiares eram tratados de forma digna e quando precisam recebem apoio psicológico, jurídico, cestas básicas, etc.

Compreendi, ainda, que eles eram obrigados a ter uma jornada de atividades diárias das 6h às 22h, tais como: estudo, cursos profissionalizantes, compreensão da metodologia da Apac, trabalho e alguns outros labores.

CAPÍTULO 3 - O Apóstolo das Grades

Ninguém está esquecido judicialmente e ainda tem um núcleo de voluntários que atuam dando apoio também a vítimas do crime.

Sem falar no mais impressionante: sem cercas elétricas, muros baixos, sem agentes penitenciários ou policiais, quem fica com as chaves são os próprios recuperandos. Aliás, desde 1972 — data de fundação da primeira unidade apaqueana em São José dos Campos--SP — nunca houve uma única rebelião nas histórias das Apacs ou algum homicídio dentro das unidades.

O que tem de sobrenatural nesse local? Nada além do cumprimento integral do que está estabelecido na Lei de Execução Penal (LEP) do Brasil. Cujas diretrizes encontram-se em plena concordância com a LEP de Deus na prisão/escola chamada planeta terra. A Apac, por fim, cumpre em essência a máxima Paulina que embasa o presente capítulo:

"Lembrai-vos dos presos, como se estivésseis presos com eles...". (Paulo aos Hebreus 13:3)

Por incrível que pareça aos leigos, o ambiente de um presídio não é tão ruim como parece. Por vezes, ficamos presos ao que os olhos carnais veem como óbvio: muita tristeza e sofrimento. O que, por conseguinte, gera desarmonia mental. Consequentemente, abaixa-se a sintonia espiritual, o que faz muitos se sentirem mal ao visitar um presídio e até se sentirem alvos de perseguições de espíritos ignorantes, ainda encarcerados em suas algemas fluídicas por falta de reconciliação e perdão.

Nesse aspecto espiritual do cárcere, ainda que tenha espíritos com sentimento de ódio, com falta de perdão, em maior número há mães, filhos, benfeitores espirituais, que se dedicam diuturnamente na assistência aos que jazem no encarceramento dentro do encarceramento terráqueo.

Quando encontram, portanto, uma alma encarnada disposta a ser intermediário da misericórdia divina na vida daqueles irmãos certamente aproxima-se e age através desses médiuns de Jesus na vida dos que jazem nesse depositório humano, ou melhor, desumano! Seja com ouvidos, palavras, ou mesmo um olhar de compaixão, se puderes, sirva aos irmãos em situação de encarceramento.

Quando o Cristo pronuncia as divinas Bem Aventuranças, código eterno das virtudes do Pai, Ele deixa para toda a humanidade diretrizes das quais se aproxima a criatura do Criador. Jesus vem verbalizar no monte das oliveiras, os degraus capazes de nos tirar dos nossos desenganos seculares. Cada uma das sete virtudes apresentadas por Mateus (5:3:12) são os degraus de nossa acessão para a luz.

Diante dessas leis, que são o caminho para nossa liberdade espiritual, as chaves que abriram nossas algemas fluídicas, destacamos a segunda bem aventurança:

"Bem Aventurados os que choram, porque serão consolados". (Mt 5:4)

Pois tantas vezes nós acreditamos que somos os que choram e precisamos o tempo todo do consolo. Ao contrário, enxergue suas

CAPÍTULO 3 - O Apóstolo das Grades

possibilidades de ser o meio de esperanças e esclarecimento ao teu irmão que jaz em trevas. Seja tu, o móvel de conforto e esclarecimento. Assim, suas lágrimas se enxugarão, à medida que conseguir secar o pranto dos desesperados. Você já conhece o Cristo na intimidade, esses irmãos necessitam também conhecê-Lo.

Observando a psicologia de Jesus, passamos a compreender por que muitos têm dificuldades extremas de enxugar lágrimas, em especial quando essas lágrimas são de um encarcerado. Pois ainda lhe falta a primeira bem aventurança, que é marca forte em todo grande homem que passou pela terra: a humildade, característica de Madre Tereza, Chico Xavier, Francisco de Assis e tantos outros.

Para ser, portanto, um *enxugador de lágrimas* — que representa na escada das bem aventuranças a segunda virtude —, precisa ser antes disso um *pobre de espírito* — primeiro degrau das virtudes das bem aventuranças —, pois sem humildade não há trabalho legítimo da caridade. Aliás, a caridade é o movimento sagrado da vida que desenvolve a centelha divina do Amor.

Paulo de Tarso dá testemunhos de verdadeiro cristão ante as adversidades que a vida lhe apresenta. Quando este chega a Roma como prisioneiro, ele já estava com idade avançada, enfermo, muito desgastado por tantas lutas acerbas em prol do cristianismo. Ele tinha autoridade moral para permanecer na prisão domiciliar, recebendo ajuda na alimentação dos amigos mais próximos, como Lucas. No entanto, preferiu se esforçar e diariamente se dirigir ao presídio e se colocar como mais um encarcerado do mundo.

Óbvio, aproveitou o ensejo para pregar àqueles irmãos, com carinho extremo, convertendo muito deles, que passaram a fazer parte da história do cristianismo, conforme veremos um grande exemplo nos capítulos vindouros desta obra.

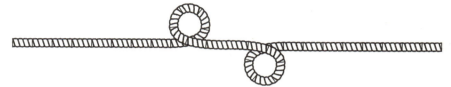

"Ainda que eu falasse as línguas dos homens e dos anjos e não tivesse caridade, seria como o metal que soa ou como o sino que tine."

(I Coríntios 13:1)

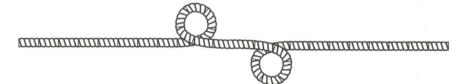

Caridade segundo Paulo de Tarso

CAPÍTULO 4

CAPÍTULO 4 - Caridade Segundo Paulo de Tarso

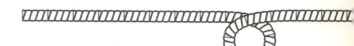

Paulo nos afirma que não adianta o homem ganhar o conhecimento do mundo todo falando línguas estrangerias e até as famosas línguas de fogo registradas no livro sagrado da vida. Ou seja, ainda que o homem tenha culturas diferentes, diversos dons mediúnicos, se ele não utilizá-los com o sentimento de Caridade, nada disso valerá.

Sobre este conceito de Caridade, tem-se um questionamento feito por Allan Kardec, na pergunta 886 do *Livro dos Espíritos*, que contribui com a informação de Paulo de Tarso aos Coríntios e a toda cristandade:

Pergunta 886 - **Qual o verdadeiro sentido da palavra caridade, como a entendia Jesus?**

O *Livro dos Espíritos*, quando estudado, precisa ser, a priori, decifrado em teus questionamentos, a posteriori nas respostas dadas pelos espíritos. Diante disso, essa pergunta demonstra a consideração de Kardec a Jesus. Pois o tem como referência em todo processo de aprendizado estabelecido entre o codificador e os trabalhadores incansáveis da vida maior.

Portanto, não era a caridade segundo algum membro daquela sociedade espírita de Paris, não era nenhum filósofo ou religioso, tampouco algum desencarnado. Mas, sim, a Caridade — bandeira maior da Doutrina Espírita — compreendida e vivida por Jesus Cristo, guia e modelo da humanidade inteira.

Na resposta, os espíritos Senhor descrevem três características do Mestre Nazareno ante a Caridade. Dentre eles, destacamos o primeiro:

"Benevolência para com todos" [...].

Ou seja, a primeira característica de quem exerce a caridade ao próximo é ter simpatia sincera, autoestima e afeto ao outrem. Aliás, *"para com todos"*, incluindo, portanto, os próprios *criminosos* aos olhos do mundo.

Por diversas vezes, pelo trabalho que desenvolvemos junto aos presidiários, ouvimos comentários de alguns "cristãos" que afirmam: *"eu consigo compreender todo ser humano e ser bom com todos, mas não venha me falar de criminoso, este não desce..."*.

O mais difícil, sem dúvidas, é deixar de ser seletivo no servir. A título de exemplificação, imagine que, ao executar uma tarefa junto aos irmãos em situação de rua, em que você escolherá a quais ofertar o prato de comida, a paciência, um abraço ou os ouvidos, selecionando os que não são viciados em drogas — porque esses são perigosos —, talvez já demonstre que você não exercita a caridade como conhecia Jesus. Em especial, porque esses mais sofredores

CAPÍTULO 4 - Caridade Segundo Paulo de Tarso

eram os prediletos do Cristo.

A análise dos espíritos imortais continua, desta feita, com a segunda virtude que contempla a Caridade tal como compreendia Jesus:

[...] indulgência para as imperfeições dos outros [...].

Se não é fácil ser benevolente com **todos**, imagine **ser indulgente com as imperfeições** do nosso próximo... Muitas vezes, a indulgência não é colocada em prática nem com os próprios familiares. Pois, na sociedade em que vivemos, se o mal ainda prevalece, esse é reflexo dos lares, que jazem afastados voluntariamente da falta de compreensão recíproca e de respeito às diferenças uns dos outros.

Jesus não apenas verbalizava, sobretudo agia. É certo que os trabalhadores da falange do Espírito da Verdade também deram essa definição de *Caridade* embasados na vida do Cristo. Sim, o Homem de *Nazaré* testemunhou a indulgência em diversos momentos de sua existência. Mas como não recordar a provação extrema, no momento da crucificação...

Instante decisivo para a história do cristianismo e também para análise do quão fraco é o ser humano, ainda aqueles que caminhavam ao lado do Mestre. Tradicionalmente, no derradeiro suplício, todos os seus apóstolos, com exceção de João Evangelista, o abandonaram.

No entanto, no livro *Boa Nova*, capítulo 28, psicografado por Chico Xavier e sob a autoria espiritual de Humberto de Campos, há

49

um relato interessante, ocorrido no episódio do calvário. Pois havia outro discípulo presente, disfarçado em meio à multidão para não ser reconhecido como seguidor de Jesus.

Era Tomé, que, alguns dias antes, perturbava-se em uma discursão com o colegiado Apostólico de Jesus entorno da Fé.

Ante a via sacra, percorrida dolorosamente pelo Cristo, Tomé procurava em meio àquela multidão desvairada onde estariam os homens e mulheres que foram curados por Ele. Por que não se encontravam naquele derradeiro momento, a fim de defendê-lo de acusações injustas e testemunhar em favor de Tua causa? Muitos chefes de estado, fariseus, comerciantes ricos, centuriões, dentre outros que receberam das mãos de Jesus benefícios... e as multidões que se emocionavam ouvindo as pregações do Reino dos Céus... Onde estariam seus discípulos...

Em meio a tantas cogitações, percebendo que ele mesmo não dava o testemunho da própria Fé — tendo de estar disfarçado —, pôde ouvir com espanto Dimas, o ladrão que estava sendo crucificado ao lado do Mestre lhe dizer:

— Senhor! — disse ele, ofegante — lembra-te de mim, quando entrares no teu Reino!... (Lc 23:42)

Esse pedido do *"bom ladrão"*, que para muitos é um absurdo, se tornou uma chama de Esperança para toda a posteridade cristã, em especial, àqueles que cometeram crimes cruéis e nem por isso deverão sentir-se esquecidos da Misericórdia do Pai, após a resposta

CAPÍTULO 4 - Caridade Segundo Paulo de Tarso

de Jesus a Dimas, que foi acolhido pelo Mestre com desvelado amor, que se manifestou através da indulgência e do perdão.

Vejam, Dimas não pede para entrar no tão almejado Reino dos Céus. Mas pede que o Cristo, de lá, lembre-se dele. Pois esse Reino é individual e não está situado em região geográfica específica ou se atingirá na morte física ou no julgamento final. Esse Reino de calmaria e felicidade é fruto da paz de consciência pelo dever cumprido de cada dia. Inerente a qualquer posição social ou ao passado delituoso, basta arrepender-se, tomar a cruz de cada dia e seguir os passos de Jesus com fidelidade. Assim como São Dimas, quantos irmãos em situação de encarceramento terreno suplicam a lembrança de Jesus às suas vidas até os dias atuais?

Ainda que Dimas houvesse cometido crime, quem não garante que no período em que estivera preso ele não veio a se arrepender, mudou sua conduta e colheu ainda na terra as sementes amargas que havia plantado?

Como julgar alguém que desconhecemos o passado, a infância, a juventude e todos os pormenores e dificuldades enfrentadas? Não compreendam isso como defesa do crime. Assim como Jesus, somos contra o crime, mas necessário é se colocar no lugar do criminoso e amá-lo.

Dimas, em sua juventude, era um comerciante, dono de uma pousada no Egito e pôde acolher nossa Mãezinha Santíssima, José e o menino Jesus, quando estes precisaram fugir de Belém, após perseguição do Rei Herodes, que buscava matar o recém-nato que ameaçava o seu reinado, sendo o Cristo, Rei da vida.

Outros dois companheiros de Dimas, que ao lado dele cometiam crimes na região, tentaram assaltar a Sagrada Família. O famoso criminoso, porém, movido por forças espirituais que nem mesmo ele saberia explicar, defendeu Jesus Cristo sem o saber que ele estava diante do Governador Espiritual de toda a terra, o Salvador, que mais tarde estaria sendo crucificado ao seu lado. E é por isso que é conhecido como o bom ladrão.

Humberto de Campos, na já referida obra Boa Nova, diante do quadro presenciado por Tomé nos tormentos da crucificação, nos revela a instrução dada por Jesus ao seu apóstolo:

"O discípulo reparou que Jesus lhe endereçava, então, o olhar caricioso, ao mesmo tempo que aos seus ouvidos chegavam os ecos de sua palavra suave e esclarecedora:

— Vês, Tomé? Quando todos os homens da lei não me compreenderam e quando os meus próprios discípulos me abandonaram, eis que encontro a confiança leal no peito de um ladrão!". [10]

Como não ser indulgente ante as faltas alheias, como não ser um imitador do Cristo? Se até na hora suprema ele fez questão de colocar todos os preconceitos da humanidade em relação aos que cometeram crime caírem por terra de uma forma tão amorosa e que muitos "cristãos" preferem não ter *olhos de ver*.

---

10 XAVIER, Francisco Cândido. *Boa Nova. Ed. 37. Brasília: FEB, 2014.*

CAPÍTULO 4 - Caridade Segundo Paulo de Tarso

Após dirigir a Tomé essas orientações em formas de pensamento, sem utilizar das palavras articuladas, o Mestre, reunindo suas últimas forças vitais, conclui o seu derradeiro diálogo na terra com o que o Evangelista Lucas registra em seu livro sagrado:

"E disse-lhe Jesus: Em verdade te digo que hoje estarás comigo no Paraíso.". (Lucas 23:43)

Enquanto muitos disputam um lugar nos céus, ainda que distanciados voluntariamente da verdadeira Caridade, que sabe ser simpática com todos, indulgente com os próprios criminosos, Jesus ministra uma aula de Amor aos pecadores.

Dimas certamente tinha sofrido o bastante e aprendido nos longos anos de encarceramento. Viver em calabouço e se alimentar uma vez por dia com o resto do que os animais comiam, sofrer maus-tratos físicos e sexuais, sentir fome, frio, medo, sem ver a luz do sol, são angústias diárias, provações duríssimas que restauram crimes tenebrosos dos executores invigilantes. Claro, sem arrependimento e mudança de postura não há transformação.

Além disso, Jesus não morreu para neutralizar nossos pecados. A prisão injusta, os martírios da via dolorosa e o crime do calvário são de responsabilidade de todos nós. A respeito desse pensamento, o Mestre nos ensina:

"Ai do mundo, por causa dos escândalos; porque é mister que venham escândalos, mas ai daquele homem por quem o escândalo vem!". (Mateus 18:7)

Mas, ao contrário de nos culpar, de nos julgar, Jesus pronuncia a respeito dos que não foram fiéis a Ele no momento em que mais precisou, nós, os criminosos da crucificação as seguintes palavras:

"E dizia Jesus: Pai, perdoa-lhes, porque não sabem o que fazem.". (Lucas 23:34)

Agora, o Cristo exemplifica a terceira, última e mais difícil característica da Caridade tal como entendia o Mestre:

"[...]perdão das ofensas.". [11]

O mesmo perdão dado aos discípulos, logo após a grande mensagem da continuidade da vida — a ressurreição. Quando Jesus, em aparição espiritual, novamente se reúne com seu colégio apostólico.

Imaginem se pudéssemos retornar após termos sido perseguidos, presos injustamente e na hora do martírio não contar com a presença daqueles que considerávamos amigos. Qual não seria nossa reação ao reencontrá-los no além-túmulo?

Por falta de perdão, desenrolam-se na vida mais além os processos mais sérios de obsessões espirituais. O Mestre Nazareno, porém, verbaliza no inesquecível reencontro com os apóstolos no pós-crucificação:

---

11 *KARDEC, Allan. Livro dos Espíritos, Q 886 – Ed. 93. Brasília: FEB, 2013*

CAPÍTULO 4 - Caridade Segundo Paulo de Tarso

"Paz seja convosco.". (João 20:21)

Jesus desejou a Paz diante da traição de tantos amigos. Testemunhando uma vez mais que, de fato, a Caridade segundo compreendia o Mestre passeava por essa "trilogia" da benevolência, indulgência e perdão a todos que desfrutavam de sua presença.

Fica, portanto, uma reflexão profunda. Pois, de fato, ainda que você domine idiomas e ciências terrenas, ainda que você se comunique com o plano espiritual em diversas *línguas*, se não buscar ser Caridoso, tal como entendia Jesus, será como o sino que retine.

Diga-se de passagem, este termo *"seria como o metal que soa ou como o sino que tine"*, utilizado pelo discípulo de Gamaliel, nos faz compreender que muitos falam em línguas estranhas, que são dotados de saberes da terra, mas que em algum momento começam a perturbar com tamanho barulho que fazem, sem que esse barulho toque a alma de quem o ouve. Além disso, Paulo ainda reforça não apenas os dons das línguas, mas também de todas as profecias e cita até mesmo a Fé, quando esta não tem obras, nada seremos:

"E ainda que tivesse o dom de profecia, e conhecesse todos os mistérios e toda a ciência, e ainda que tivesse toda a fé, de maneira tal que transportasse os montes, e não tivesse caridade, nada seria.". (I Co 13:2)

"Concilia-te depressa com o teu adversário enquanto estás no caminho com ele, para que não aconteça que o adversário te entregue ao juiz, e o juiz te entregue ao oficial, e te encerrem na prisão."

(Mt 5:25)

Perdão: o movimento da Paz.

CAPÍTULO 5

CAPÍTULO 5 - Perdão: o movimento da Paz

Saulo de Tarso, ao receber o primeiro convite através de Barnabé para trabalhar na vinha do Senhor, na igreja primitiva de Antioquia da Síria, logo se inteirou das características daquela comunidade cristã. Segundo Emmanuel, apesar de terem servos de boa vontade e nunca faltar a eles os recursos financeiros, necessitavam de *trabalhadores do pensamento*. Pois Simão Pedro nos afirma em *Paulo e Estêvão* que a obra do Cristo pode-se perder por falta de **iluminação intelectual**[12]. Diante desse cenário, Paulo encaixaria como uma luva em Antioquia. Apesar de emocionado por os seguidores diretos de Jesus terem se lembrado dele após sete anos de conversão, ele não aceitou o convite de imediato. Ele fez uma exigência, afirmou que só aceitaria aquele convite se fosse permitido a ele viver do próprio trabalho profissional — tecelão —, a fim de não ser pesado aos ombros da Igreja de Antioquia, cumprindo ainda o que está em Genesis (3:19):

"Do suor do teu rosto comerás o teu pão".

Barnabé percebeu que seria impossível não aceitar a reivindicação paulina e, dessa forma, chegaram a um consenso. A tenda de

12 XAVIER, Francisco Cândido. *Paulo e Estevão. Ed. 45. Brasília: FEB, 2018.*

trabalhos foi edificada ao lado da Igreja de Antioquia, onde Paulo se tornou um grande colaborador.

É importante explicar que, àquela época, segundo o que o próprio convertido de Damasco narra em sua primeira carta aos coríntios, no decorrer do capítulo 9°, os discípulos do Mestre tinham na própria igreja o alojamento e alimentação. Esse apoio não era feito apenas aos servidores, mas também aos seus familiares. Paulo, na referida carta, dá ainda o exemplo de Pedro e sua companheira (I Co 9:5). No entanto, o ex-rabino de Jerusalem, constrangia-se em ser pesado a qualquer comunidade. Dessa forma, preferia cumprir de maneira literal o que recomenda a primeira revelação, tal como em *Gênesis*, Davi em um dos teus Salmos imortais (128:2), arremata e endossa tal atitude do apóstolo dos gentios:

> *"Comerás do fruto do teu trabalho, serás feliz e próspero".*

Outra curiosidade, acerca da inteligência de Paulo, foi o primeiro trabalho assumido por ele no mundo espiritual, após sua desencarnação. Segundo Chico Xavier, o ex-rabino, nas esferas mais altas da vida, assumiu a tutela das grandes inteligências encarnadas na terra distanciada do bem. Sendo seu primeiro pupilo o senador romano Públio Lentulus, o que justifica tamanha afinidade entre os dois.

Além da inteligência, Paulo já tinha a própria vivência após anos de conversão para o fazer ter bom senso e coerência em diversas situações que a vida lhe apresentava. Como a grande mensagem de

CAPÍTULO 5 - Perdão: o movimento da Paz

perdão que narraremos nos capítulos porvindouros, em que ele foi um intermediário divino na vida de dois grandes amigos.

Paulo e Estêvão também relata-nos que, nas vésperas de sua partida a Roma, quando o Peregrino do Evangelho encontrava-se em Corinto, durante a terceira viagem missionária, ele recebe um cristão que vinha de Jerusalém com uma carta pessoal de Thiago, filho de Alfeu, endereçada a Paulo. Em verdade, o teor daquela missiva não era um pedido ou orientação, mas uma determinação de que o ex-rabino deveria ir imediatamente a Jerusalém.

Paulo criou resistência, pois tinha inúmeras diferenças com Thiago e não deixaria de ir a Roma — realizar um grande ideal — para satisfazer a vontade do apóstolo galileu. A priori, foi movido pelas emoções e instinto, chegando a ficar extremamente nervoso com a situação.

No entanto, o apóstolo dos gentios havia compreendido que as algemas espirituais eram os verdadeiros encarceramentos da vida. Procurou um canto solitário e silencioso da Igreja Primitiva de Corinto, entrou em sintonia com a vida maior, fez sua rogativa ao Cristo, a fim de tomar a melhor decisão; em seguida, abriu ao acaso os pergaminhos do Evangelho de Mateus, ao qual leu:

"Concilia-te depressa com o teu adversário, enquanto estás no caminho com ele…". (Mt 5:25)

Hoje, a ciência psicológica nomeia tal atitude paulina como inteligência emocional. Da qual é a capacidade do racional controlar os processos emocionais. Todos sentem emoções, é natural e inerente ao ser humano. No entanto, são poucos que não se deixam levar por elas.

Após a referida leitura, Paulo de Tarso decidiu abdicar de ir a Roma e naquela mesma noite sonha com Estêvão e Abigail — segundo *Paulo e Estêvão* —, e ouve da noiva amada a seguinte revelação:

> *"Tranquiliza-te, porque irás a Roma cumprir um sublime dever; não, porém, como queres, mas de acordo com os desígnios do Altíssimo...".* [13]

Ainda desvendando os mistérios da obra prima de Chico Xavier/Emmanuel, ao chegar em Jerusalém, novas surpresas. Pois, além dos testemunhos que deveria dar diante do Sinédrio, Paulo pôde reencontrar Thiago e com ele ter uma diálogo para aparar quaisquer arestas que tenham ficado entre eles. Um não odiava o outro, mas tinham ideias divergentes dentro do mesmo ideal.

Diante disso, Thiago explica a Paulo:

> *"Muitas vezes o Mestre nos ensinou, na Galileia, que o melhor testemunho está em morrer devagarinho, diariamente, pela vitória da sua causa".*

Esse *morrer devagar* é, sem dúvidas, a diminuição do personalismo, em especial no movimento religioso. Quantos há que, ao fazer uso da palavra, seja em congressos, estudos, na evangelização de

---

13 *XAVIER, Francisco Cândido. Paulo e Estevão. Ed. 45. Brasília: FEB, 2018.*

CAPÍTULO 5 - Perdão: o movimento da Paz

crianças e jovens, querem falar mais de si do que do Cristo... Quantos há que buscam ser maiores que os projetos sociais ou templos que estão inseridos como parte desse todo. Não são, portanto, o todo.

Ainda assim, Deus não desiste de seus filhos rebeldes, esperando pacientemente vossas conversões. Thiago, por sua vez, aguardou o momento de ter o reajuste com Paulo e, a esse respeito, explanou em relação aos ensinos de nosso Senhor Jesus Cristo na antiga Galileia:

"[...] por isso mesmo, afiançava que Deus não deseja a morte do pecador, porque é na extinção de nossos caprichos de cada dia que encontramos a escada luminosa para ascender ao seu infinito amor.". [14]

Se Deus espera pela conversão de cada um de seus filhos pacientemente, por que nós não acreditamos nos potenciais uns nos outros? Por que julgamos tanto? Por que nos colocamos como maiorais, como senhores da vida e dos projetos individuais? Temos, sim, nosso valor e nossos trabalhos a realizar, no entanto não podemos esquecer que toda glória é de Deus. Arrematando sobre o respeito às diferenças, Thiago instrui:

A cada um de nós confiou Jesus uma tarefa diferente na forma, mas idêntica no fundo. [15]

14 XAVIER, Francisco Cândido. Paulo e Estevão. Ed. 45. Brasília: FEB, 2018.
15 XAVIER, Francisco Cândido. Paulo e Estevão. Ed. 45. Brasília: FEB, 2018.

Os caminhos são diferentes, mas o ponto de partida e chegada são sempre os mesmos. Diante disso, Paulo se arrependeu quanto à forma que enxergava o filho de Alfeu.

Como, pois, temos enxergado os que pensam e agem diferente de nós? Tudo é o ponto de vista que observamos as pessoas e os projetos de Deus na vida de cada um. Nesse momento em que Thiago ensinava com tamanha humildade a Paulo de Tarso, Emmanuel descreve que a forma de olhar paulina diante do Apóstolo Galileu modificou-se:

> *O convertido de Damasco entreviu o filho de Alfeu por um novo prisma. Agora, percebia que a vida exige mais compreensão que conhecimento.* [16]

Paulo conhecia muito, mas a vida lhe ensinou que a compreensão está acima do saber. Somente a experiência consegue tocar o coração, e ali o ex-rabino se sentia tocado nas fibras mais íntimas da alma. Diante disso, arrematou ao velho Galileu:

> *— Tiago, como tu mesmo, atingi hoje um nível mais alto de compreensão da vida. Entendo melhor os teus argumentos. A existência humana é bem uma ascensão das trevas para a luz.* [17]

---

16 XAVIER, Francisco Cândido. Paulo e Estevão. Ed. 45. Brasília: FEB, 2018.
17 XAVIER, Francisco Cândido. Paulo e Estevão. Ed. 45. Brasília: FEB, 2018.

CAPÍTULO 5 - Perdão: o movimento da Paz

Quantos Thiagos não há em nosso caminho, aguardando por nossa Reconciliação? Sim, não há perdão sem movimento, e reconciliar é movimentar o olhar compreensivo e compassivo aos que nos são diferentes na estrada, mas que seguem o mesmo rumo.

Somos jovens em espírito, e muitas vezes o jovem não tem limites ou ainda se acha invencível no saber e agir. Sem humildade, pode-se tornar um caminho perigoso, por isso a maior parte da população carcerária é de jovens que mal alcançaram a maioridade e já se encontram trancafiados em depositórios horrendos. Nessa fase da vida, o discernimento é de fundamental importância para as escolhas que os jovens farão. Certamente, por isso, lembrando-se da própria vida e dos erros cometidos por seu autoritarismo e arrogância, Paulo de Tarso arremata a Thiago:

A juventude, a presunção de autoridade, a centralização de nossa esfera pessoal, acarretam muitas ilusões, laivando de sombras as coisas mais santas. [18]

Nesse encontro inesquecível, houve movimentos dos dois lados para que a reconciliação se concretizasse em perdão reciproco àqueles homens, trabalhadores incansáveis da obra do Senhor.

E é por isso que, através da inteligência e experiência pessoal, Paulo de Tarso orienta um amigo, quando escreve a famosa A *Epístola do Perdão*, sua carta a Filemon. Orientação que transcende tempo e espaço, fazendo-se ressoar nas entranhas daqueles que conseguem extrair o espírito de tais letras.

18 XAVIER, *Francisco Cândido. Paulo e Estevão. Ed. 45. Brasília: FEB, 2018.*

Carta pequena, com um único capítulo, em verdade um escrito particular, que provavelmente foi redigida e enviada com a epístola aos Colonossenses — igreja que fora fundada na casa do próprio Filemon —, com intenção de proporcionar a dois velhos conhecidos a oportunidade do reajuste.

Onésimo e Filemon tiveram suas vidas entrelaçadas como todo ser humano terá sempre que precisar dos ajustes e reajustes recíprocos.

Dessa forma, por ser pouco conhecida pela cristandade, em especial os irmãos de ideal espírita, é que dedicaremos boa parte desta obra, a partir de agora, para estudo e meditação dessa carta, que nos oferta em cada trecho *palavras de vida eterna...*

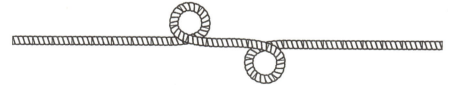

"Paulo, prisioneiro de Jesus Cristo, e o irmão Timóteo, ao amado Filemom, nosso Cooperador, e à nossa amada Áfia, e a Arquipo, nosso camarada, e à igreja que está em tua casa:"

(Filemon 1:1,2)

Cooperação

CAPÍTULO 6

CAPÍTULO 6 - Cooperação

Ainda em Paulo e Estêvão, é narrado que, durante a segunda viagem missionária de *Paulo de Tarso*, quando em estadia na cidade de Corinto, ele inicia as famosas Epístolas. Após quase duas décadas da aparição às portas de Damasco, Jesus novamente desce de suas claridades imortais para orientá-lo.

Paulo encontrava-se em um momento de conflitos íntimos ante a dimensão que seu trabalho de Peregrino do Evangelho havia tomado. Pois muitas comunidades cristãs haviam sido edificadas nas diversas viagens realizadas por ele e se tornou impossível a presença do apóstolo em todas elas ao mesmo tempo. E constantemente ele, como referência e orientador dessas igrejas espalhadas por várias regiões, era chamado para estar presente a fim de orientar os irmãos sobre os diversos problemas a serem resolvidos.

Diante desse momento, apreensivo e sem saber como resolver tal situação, ele orou com todo seu sentimento, entregando o coração a Jesus, a fim de ser intuído quanto a melhor maneira de resolver essa questão.

Portanto, Jesus, segundo a obra *Paulo e Estêvão*, orientando-o em relação à assistência às igrejas cristãs, disse-lhe que os conselhos deveriam ser realizados através dos:

"poderes do espírito".[19]

Para tanto, Estêvão estaria mais próximo de Paulo — como um médium do Cristo — expressando o pensamento do Mestre Nazareno a cada uma das comunidades primitivas, que ansiosamente aguardavam as orientações do ex-rabino.

Emmanuel ainda afirma que o prisioneiro do Cristo, desde a primeira epístola, aos Tessalonicenses:

nunca escrevia só.[20]

Paulo chamava sempre os amigos dos quais ele tinha maior afeição, pois, no dia em que ele não estivesse bem, os companheiros o ajudariam na interpretação da mensagem.

Humildade e compreensão de que, ainda tendo o aval de Jesus, ele havia aprendido que ninguém ascende em espírito sem cooperação.

Esse fato é comprovado, por exemplo, no início dessa carta a Filemon. Pois ele afirma que Timóteo estava ao seu lado, o auxiliando na escrita.

---

19 *XAVIER, Francisco Cândido. Paulo e Estevão. Ed. 45. Brasília: FEB, 2018.*
20 *XAVIER, Francisco Cândido. Paulo e Estevão. Ed. 45. Brasília: FEB, 2018.*

CAPÍTULO 6 - Cooperação

Mas, de acordo com a teoria de que a mencionada epístola foi escrita juntamente com a missiva aos cristãos de Colossos, observamos Paulo registrar nessa carta — aos Colonosensses — a presença de outros colaboradores naquela reunião mediúnica.

Amigos esses descritos na epístola aos colossenses: Tíquico, Onésimo, Aristarco, João Marcos, Epafras, Lucas e Demas. Além disso, a carta a Filemon tem saudações ao próprio destinatário e possivelmente seus familiares; sendo Afía sua esposa e Arquipo seu filho.

Ao final das saudações, ele também saúda a *Igreja que está em sua casa*, reforçando a tese de que a comunidade cristã de Colossos iniciou-se e permanecia funcionando na casa de Filemon.

Além disso, demonstrando o espírito de cooperação, Paulo faz questão de lembrar-se das pequenas comunidades que circunvizinhavam a igreja de Colossos, tais como: Laodiceia, Hierápolis, a cristã Ninfa e um recado especial a Arquipo.

Esse costume Paulino de não trabalhar sozinho é caracterizado em suas diversas viagens segundo Ato dos Apóstolos e Paulo e Estêvão, além das cartas que sempre expressam este profundo carinho e espírito de cooperação do nobre tutelado de Estêvão.

Diante desse início de epístola, também se pode afirmar a relação estreita entre Paulo e Filemon. Pois essas igrejas eram fundadas a partir das missões paulinas, e certamente em uma delas eles se conheceram. A partir disso, foi fundada a Igreja de Colossos. Homens do mundo se convertiam e abriam as portas do próprio lar — e os seus corações — para que outras pessoas conhecessem o Cristo e tornassem servos da obra do Senhor. Não é difícil imaginar o respeito e veneração dos convertidos de suas missões a Paulo de Tarso.

Ao iniciar *Paulo e Estêvão*, Emmanuel afirma que *"sem Estêvão não teríamos Paulo de Tarso"*[21] . Além disso, ele conceitua a respeito da harmonia universal, tendo por condição a cooperação de uns com os outros:

> *"Sem cooperação, não poderia existir o amor; e o amor é a força de Deus, que equilibra o Universo.".* [22]

Além de demonstrar a quem escrevia a carta — Filemon — saudar a família do destinatário, fazer-lhe recordar da igreja constituída em seu lar — compromisso com o Cristo —, Paulo demonstrou uma vez mais sua humildade ao escrever as cartas — nunca escrevendo só —, nessa epístola, em especial ele tinha como colaborador o seu filho espiritual, Timóteo.

Falar em colaboração sempre me faz recordar a história de um grande amigo, Sr. Antônio Nazareno. Imaginem um grande servo do Cristo que passa despercebido por muitos por onde anda — característica de sua humildade natural — sem deixar, no entanto, de cooperar. Sim, as grandes almas muitas vezes não são reconhecidas no mundo.

Um dos primeiros encontros que tive com Sr. Antônio ocorreu nas vésperas do natal de 2009, na casa espírita em que frequentava — Centro Espírita Cristão Silva Jardim —, na cidade de Sete

21 XAVIER, Francisco Cândido. *Paulo e Estevão. Ed. 45. Brasília: FEB, 2018.*
22 XAVIER, Francisco Cândido. *Paulo e Estevão. Ed. 45. Brasília: FEB, 2018.*

CAPÍTULO 6 - Cooperação

Lagoas-MG. Naquela ocasião, assim como ainda realiza, a instituição estava em festa espiritual, pois ali mais de mil famílias eram beneficiadas com mantimentos, a fim de não passarem a noite de Natal com fome.

Diante do empacotamento e distribuição dos alimentos, surge em minha frente a figura daquele senhor moreno, esbelto, que me chamava a atenção com seu bonezinho costumeiro, sorriso farto e sua bengala branca. Com simpatia extrema e simplicidade exalando de seu olhar, que também transmitia vibrações de paz e bom ânimo. Para minha surpresa, Sô Antônio — mineiramente falando — já havia perdido quase que a totalidade de sua visão. Além disso, passava por muitas internações e crises por sérios problemas pulmonares.

Naquele dia, porém, ele me fez presenciar o quadro vivo descrito no Evangelho de Marcos (12:41-44), onde Jesus demonstrava aos seus discípulos o quanto os homens gostavam de mostrar os bens materiais que ofereciam a Deus, como se estivessem comprando seu lugar no Reino dos Céus. Ocorre, porém, que adentra ao recinto uma pobre viúva, que discretamente deposita no gazofilácio duas pequenas moedas. Nesse momento, o Mestre arremata aos seus discípulos — e a todos nós —:

"Em verdade vos digo que esta viúva pobre depositou no gazofilácio mais do que o fizeram todos os ofertantes. Porque todos eles ofertavam dos que lhe sobravam; ela, porém, da tua pobreza deu tudo quanto possuía, todo o seu sustento". (Marcos 12:43-44)

75

Foi então que essa cena evangélica se desenrolou em minha frente, pois aquele homem de gestos simples que passava quase que despercebido pelos presentes, não fossem seu sorriso e carisma, ofertou sua ajuda ao coordenador dos trabalhos de distribuição de cestas — uma pequena sacola com algum alimento não perecível —, que me fez passar grande vergonha. Pois, dentro de minha arrogância, inversão de valores e falta de conhecimento do Evangelho, eu me encontrava chateado por não ter tido dinheiro naquele ano para cooperar comprando algumas cestas básicas como gostaria...

Talvez nem mesmo o Sr. Antônio sabe que eu o observava naquele momento. Mas essa é uma característica também da humildade, fazem as boas obras sem intenção ou preocupação de serem vistos aos olhos dos homens.

A partir de então, passei observar e me aproximar mais do Sr. Antônio Nazareno, ao ponto de nos tornarmos grandes amigos. Outro fato que sempre me chamou a atenção naquela figura que havia aprendido a cooperar sem se preocupar com *quanto*, mas com *como*, é um trabalho que até hoje ele realiza naquela casa espírita. Nas horas que antecedem a reunião pública, lá está ele, com um paninho nas mãos tirando poeira de cada uma das mais de 100 cadeiras no salão de palestras da instituição. Talvez grande parte dos trabalhadores de lá até hoje não sabe o nome dele, que há tantos anos permanece servindo a causa do Senhor, mesmo com suas cruzes de cada dia.

Muitas vezes, ao adentrar no templo religioso, sentimos uma paz indescritível. Não há dúvidas de que ali está presente o Cristo, representando por seus anjos espirituais. No entanto, para que essa

CAPÍTULO 6 - Cooperação

obra divina se faça presente, atingindo coração de devotos, é necessário ter mãos humanas que fazem o papel de intermediários da vida maior. Nesse caso, meu amigo *Sô Antônio* não me deixa imaginar seu gesto de outra forma, se não crer que, em cada *espanada* na limpeza dos assentos, ali também é transmitido um passe magnético já preparando o ambiente espiritual para cada irmão que adentrará e desfrutará do banquete ofertado, buscando a cura das dores físicas e espirituais da vida.

Sem sabermos explicar muitas vezes o porquê de tamanho bem-estar que sentimos nesses locais, vamos encontrar no anonimato de um Antônio Nazareno o verdadeiro espírito de Cooperação que Paulo de Tarso tão bem nos exemplifica.

Após algum tempo de aproximação, consegui começar a frequentar a casa desse amigo. Teoricamente, eu iria realizar o culto com ele. Em verdade, era ele que por muito tempo me ofertou o culto do exemplo vivo naquela casinha simples, mas que a presença de Jesus era sentida por nós nas meditações evangélicas que fazíamos. Bálsamo de paz e esperança, mantinha-me lúcido ante as sombras do mundo.

Por mais Nazarenos nos movimentos religiosos! Por menos disputas de status...

E é nessa linha de pensamento que vamos compreender Paulo de Tarso, sempre envolvendo e capacitando outros irmãos para obra do Senhor.

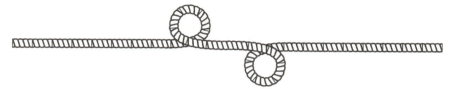

"Graça a vós e paz da parte de Deus nosso Pai, e do Senhor Jesus Cristo. Graças dou ao meu Deus, lembrando-me sempre de ti nas minhas orações"

(Filemon 1:3,4)

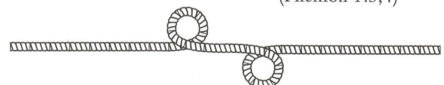

Bênçãos: dar, receber; espiritualizar-se

CAPÍTULO 7

CAPÍTULO 7 - Bênçãos: dar, receber; espiritualizar-se

Nas primeiras linhas de suas famosas cartas, Paulo de Tarso, como uma criança ante ao pai, roga as bênçãos do Criador em benefício dos destinatários. Sempre com profundo respeito e carinho à irmandade cristã. Na carta a Filemon e seus familiares não foi diferente. Paulo registra o constante pedido de paz e graças a todos eles por meio das preces direcionadas a Jesus Cristo.

Até hoje, uma das coisas que mais me comove nas diversas vezes que adentrei a uma unidade da Apac são as rogativas dos recuperandos, que constantemente estão em conexão com o Pai. Não tenho dúvidas de que eles compreenderam a importância de buscarem na oração o combustível necessário para vencerem essa fase tão difícil de suas trajetórias.

Outro fato interessante é quando víamos alguém entrando na instituição — Apac — pela primeira vez, recebendo dos recuperandos através da canção *é bênção sobre bênção* uma recepção inesquecível. Não conheço ninguém que tenha passado por essa experiência e não se emocionou. Uma canção singela, mas entoada com carinho e respeito:

"É Benção sobre benção, é benção sobre benção

Vivendo cada dia no senhor.

É Benção sobre benção, é benção sobre benção

Vivendo cada dia no senhor.

Irmão, você também

É uma benção para mim.

O que seria da minha vida

Sem você.

Aperte a minha mão

Sinta o meu coração

Bater

Eu te amo por que vejo

Cristo em você". [23]

Receber bênçãos é sempre renovador! Dar bênçãos é sempre transformador! Muitos se surpreendem ainda mais, pois não acreditam que das mãos de um irmão que errou possam sair benefícios; ledo engano! Se assim o fosse, Paulo, prisioneiro do Cristo, não poderia dar bênçãos a ninguém, pois um dia utilizou suas mãos para incriminar Estêvão e assinar documentos que causaram tanto terror aos primeiros cristãos...

Nesse movimento de ofertar bênçãos e rogar bênçãos ao altíssimo, nas diversas atividades existentes no dia a dia do recuperando,

---

23 *Bênção sobre Benção – Agnus Day.*

CAPÍTULO 7 - Bênçãos: dar, receber; espiritualizar-se

vai ascendendo a chama da Fé, esse mecanismo divino que ensina acreditar em um propósito e se esforçar dia a dia para neutralizar a animalidade existente no ser.

E é dessa forma que o Bom Pastor vai reunindo novamente suas ovelhas no aprisco do Pai:

"Alegrem-se comigo, pois encontrei minha ovelha perdida". (Lucas 15:6)

E, ainda que essa ovelha tenha errado, não deixa de receber bênçãos, tampouco se encontra esquecida pela Misericórdia do Pai Celestial. Por que, então, há tanto julgamento daqueles que se dizem seguidores de Jesus diante do irmão que cometeu um erro? Basta uma notícia pública de algum crime que choca a sociedade que os julgamentos se generalizam. E não digo isso sendo a favor do crime, mas, como sempre temos dito, a favor do irmão, que por si só sofrerá muito, tendo a consciência como juiz implacável.

Dar bênçãos também se difere de querer fazer uma lavagem cerebral em teu próximo.

Muitos religiosos — e aqui falo em especial dos espíritas — julgam ser o povo escolhido, como equivocadamente os hebreus também acreditaram. O espiritismo pode, sim, ser o consolador prometido, como os protestantes acreditam que a Reforma Luterana o foi. Mas daí crer ser o *povo escolhido* é delicado.

Talvez essa escolha seja do ponto de vista da responsabilidade diante das Leis do Pai e seu cumprimento na vida social em suas

83

diversas inserções, tais como: família, vida profissional, acadêmica, religiosa e espiritual. Não é, portanto, um favorecimento, mas uma grande tarefa de espalhar a Boa Nova de Jesus. Para tanto, independerá da religião, do culto, do exterior; porque toda verdadeira transformação é realizada de dentro para fora, em um esforço que deverá perdurar toda a existência.

Chico Xavier nos narra no livro *Entender Conversando*[24] uma história tão simples, mas extremamente tocante. Aliás, costumeiramente Chico tem esse dom de em momentos simplórios nos comover. Nessa ocasião contada por ele no referido livro, encontrava-se o médium mineiro com horário marcado no cartório da cidade de Uberaba, que distanciava cerca de 3 km de sua casa.

Certamente, devido aos muitos problemas de saúde, Chico dependia do transporte público para transpor aquela distância. Foi então que, no momento em que o ônibus para, ele avistou uma criança com aparência de paupérrima correndo em sua direção e dizendo com muita ansiedade:

"— Tio Chico, Tio Chico...".

Naturalmente, com o ônibus parado, Chico Xavier pediu que o motorista partisse, mesmo sabendo que esta atitude o faria perder o horário agendado em cartório. Foi então que aquela criança se aproximou dele com um pedido inusitado:

"— Tio Chico, eu queria pedir ao senhor para me dar um beijo".

24 *XAVIER, Francisco Cândido. Entender Conversando. Ed. 1. São Paulo, 1983.*

CAPÍTULO 7 - Bênçãos: dar, receber; espiritualizar-se

Quantas dores, quantos dissabores poderia estar vivendo aquela pobre criança... poderia pedir tudo e pediu a bênção de um beijo! Chico Xavier afirma, que:

" Este foi um dos acontecimentos mais importantes da minha vida".

Com certeza, daquela criança também! Talvez, a maioria de nós, no lugar de Chico, teria se irritado ou ignorado aquela criança e seguido para a chamada correria do dia a dia — porque em maior parte encontramo-nos "agarrados" com os muitos compromissos — sem, no entanto, termos tido a bênção de ofertar também bênção por um gesto! Quem sabe, não ter recebido um gesto tão simples, mas tão amoroso de Chico, um dia aquela criança poderia se enveredar no caminho do crime por se sentir rejeitada por tudo e todos...

Meus avós paternos, José Agostinho e Maria Antonieta, tiveram a oportunidade de conviver um pouco com Chico Xavier em diversas visitas feitas à cidade de Uberaba e também a alguns familiares de Chico Xavier que eram muito próximos deles. Estes da cidade de Pedro Leopoldo — ambas em Minas Gerais.

Dessa forma, eles presenciaram e ouviram muitos *causos* — mineiramente falando — sobre aquele que é considerado o *Maior Brasileiro de Todos os Tempos,* em votação popular realizada em rede nacional — SBT.

Tal proximidade é retratada por um dos maiores biógrafos de Chico Xavier, o já desencarnado Rafael Américo Ranieri, que em

85

seu livro *Recordações de Chico Xavier*[25], no capítulo 80, intitulado Visita de Mineiro, narra o contato especial que tivera com meu avô:

> *"[...] Conhecia bem Pedro Leopoldo e uma porção de gente ligada a Chico. Interessou-me logo. O faro de jornalista atirou-me no seu encalço. Ali estava alguém que poderia me ajudar a pesquisar Chico Xavier. De fato, me contou muita coisa que iremos aproveitar no decorrer dos volumes que se seguirão. Mas aqui aproveitarei duas pequenas histórias...".*

Numa dessas duas histórias, relatadas no mencionado livro, meu avô, José Agostinho, narrou que ao lado de Chico Xavier na cidade de Pedro Leopoldo viera ao encontro do médium um homem sob o efeito muito forte do álcool e este lhe pediu um passe. O médium o olhou e percebendo que ele queria era beber. Deu-lhe uma moeda e disse-lhe:

> *— Vai, toma outra e você melhora.*

Chico explicara para vovô que não adiantava passe. A situação do homem era de delirium-tremis. Há muita gente que nega uma moeda ao miserável alegando que o que ele precisa é de Evangelho. Nós aceitamos a tese de que para quem tem fome material, primeiro o pão, depois doutrina. Ninguém aceita Evangelho com barriga vazia. Só personagens como Francisco de Assis, mas ele era o próprio Evangelho Vivo...

---

25 RANIERI, Rafael. *Recordações de Chico Xavier. Ed. 2. Guaratinguetá, 1986*

CAPÍTULO 7 - Bênçãos: dar, receber; espiritualizar-se

Além disso, não compreendam essa passagem como incentivo ao alcoolismo ou ao uso de drogas ou qualquer outro vício. Estamos falando de Chico Xavier, que provavelmente viu e evitou um mal maior na vida daquele senhor e de seus familiares. Ou ainda a bênção de uma moeda para evitar dores maiores a um irmão enfermo pelo alcoolismo e a sua família.

O que Chico Xavier nos ensina é a importância de dar a bênção, seja perdendo um compromisso do mundo para aliviar o sofrimento de uma pobre criança — e ainda crer que aquele fato foi um dos mais importantes de sua vida — ou ainda a bênção de uma moeda para evitar dores maiores a um irmão enfermo pelo alcoolismo e sua família.

Paulo de Tarso também compreendia a importância de dar bênçãos pela sua oração e carinho por toda a comunidade cristã da primeira hora do Evangelho. E é por isso que suas cartas trazem essas marcas.

Eu sempre fui obrigado por meus pais a pedir bênçãos aos meus tios, avós, pessoas mais velhas — em forma de respeito — e também a eles, sempre ao me levantar e antes de dormir. Até hoje, cultivamos esse hábito, que não é mecânico e que certamente serve-nos como um passe espiritual, quando aqueles que convivem conosco observando nosso respeito nos abençoam com o verbo e coração.

Uma sugestão às famílias, resgatar esse costume tão lindo de dar e pedir bênçãos aos mais jovens e mais experientes, respectivamente. Para que, no dia a dia com outros irmãos, esse costume flua naturalmente. "É bênção sobre Bênção!"

*"Ouvindo do teu amor e da fé
que tens para com o Senhor Jesus
Cristo, e para com todos os santos;
Para que a comunicação da tua fé
seja eficaz no conhecimento de todo
o bem que em vós há por
Cristo Jesus."*

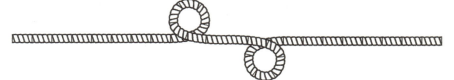

(Filemom 1.5-6)

Fé: agir e esperar

CAPÍTULO 8

CAPÍTULO 8 - Fé: agir e esperar

Nesse trecho da carta a Filemon, Paulo de Tarso exalta a Fé em seu sentido mais amplo e real do companheiro de Colossos. Certamente, ele não elogiaria em vão ou com segundas intenções nenhuma pessoa, o discípulo de Gamaliel tinha a honestidade como uma das grandes características de seu espírito em processo de purificação, sobretudo muito justo.

Ademais, Paulo também compreendia a verdadeira definição da fé, seja por palavras e, em especial, pelo testemunho da própria vida. Mas, a fim de melhor esclarecer e pontuar o significado dessa virtude divina, capaz de *"estremecer e mover os montes"*, recorremos a Emmanuel *(Paulo e Estêvão)*, que, citando o exemplo de Estêvão — quando este estava escravizado, sofrendo açoites e humilhações —, afirma:

"Guarde a Fé, como a auréola dos que sabem verdadeiramente agir e esperar". [26]

---

26 XAVIER, *Francisco Cândido. Paulo e Estevão. Ed. 45. Brasília: FEB, 2018.*

Por muitos séculos, cristãos do mundo inteiro mal compreenderam e interpretaram equivocadamente as diretrizes da fé. Pois, na crença de que frequentar um templo religioso os faria estarem salvos, afastaram-se voluntariamente das verdadeiras veredas dessa virtude divina, que em sua essência e pureza é um convite ao movimento diante da concordância dos ensinos sagrados de Jesus.

Acreditar em um propósito maior — Deus — a partir das promessas e vida de Jesus Cristo é, sem dúvidas, o movimento intelectual da Fé.

Mas há necessidade do movimento espiritual: a ação, que faz nascer e germinar o *grão de mostarda*, mencionado por Jesus, quando Ele ensinava sobre o transportar as montanhas íntimas que carregamos.

Diante da necessidade de crer, esperar, sobretudo agir, a fim de que a fé se torne divina, observamos que Filemon — segundo Paulo — cultivava sua crença nas promessas de Jesus Cristo, mas também dava testemunho por meio de suas obras de Fé. O comerciante de Colossos distribuía as benéficas do Evangelho em benefício de tantos filhos do calvário que através da igreja de Colossos — constituída em seu Lar — se alimentavam física e espiritualmente.

Corria o ano de 2010 quando meu pai, André Luiz Lavarini de Mattos, começou a apresentar um problema ocular. Onde seus olhos ficavam extremamente irritados e inchavam vez por outra...

Foi assim por cerca de seis meses. Nesse período, algumas idas ao oftalmologista, que afirmou ser um problema simples de irritação o qual seria resolvido com aplicação de um colírio. Sempre levando com bom humor, papai começou a comentar que os inchaços esta-

CAPÍTULO 8 - Fé: agir e esperar

vam sempre acompanhados de dores na cabeça, que aumentavam dia a dia.

Foi então que, nesse período, ele foi diagnosticado com dengue. Diante do quadro mais grave que o normal, ainda que ele tivesse seus 46 anos, precisou de internação.

Um dos médicos de plantão, ao observar o inchaço nos olhos, afirmou que não era apenas dengue ou ainda algum tipo de irritação ocular. Aproveitando que estava internado, fez o pedido de outros exames, a fim de investigar o que poderia ser.

Foi então que meu pai passou por sua primeira tomografia computadorizada. Logo, o médico responsável pelo exame nos indicou procurar um neurologista tão logo papai recebesse alta da dengue. Fomos, todos da família, sabendo que algo estava alterado. Ainda hoje, a lembrança daquele dia é angustiante a todos nós. Com sinceridade ríspida, o doutor disse ao meu pai que em verdade ele era portador de um *"tumor de hipófise"* e que, infelizmente, pelo avançar do problema, a medicina não tinha instrumentos para tratá-lo.

E foi a partir de então que comecei a conhecer meu pai na intimidade.

Ao voltar do médico, em casa, faltavam palavras para consolar papai. No entanto, nós também precisávamos de conforto. Afinal, ele sempre foi a alegria e segurança de todos nós, seja no âmbito financeiro, moral ou espiritual.

Um silêncio constrangedor se fazia na sala de nosso lar, o qual foi quebrado por ele mesmo:

— Não sei o motivo de tanta tristeza... respeito muito os médicos da terra, que estudaram para isso. Mas meu médico é Jesus, e tenho Fé que venceremos...

A princípio, as palavras de meu pai aliviaram um pouco, pois percebemos que ele não estava tão mal. Não via nele desespero, medo ou rebeldia. De toda forma, pensei que fosse apenas um período de negação e que a qualquer momento ele iria também *"desabar..."*.

Um fato importante a ser ressaltado é que minha avó materna, um ano antes, havia desencarnado, após receber uma notícia semelhante do médico, que também a deu uma expectativa de vida de um ano. Vovó viveu quatro meses...

Começamos a pensar as formas de ofertar a ele uma *sobrevida*, seja através de algum tratamento na capital do nosso estado (Belo Horizonte) ou ainda por alguma "cirurgia espiritual". Quando propus a segunda opção a papai, ele falou que não queria cirurgia espiritual, que respeitava as pessoas que eram submetidas, mas que no caso dele o médico era Jesus e o Cristo iria interferir diante daqueles que estudaram para isso. Ou seja, os médicos da terra. Aceitou, portanto, procurarmos recursos na cidade de Belo Horizonte.

Fui então, sem perder tempo, em um hospital do qual eu ouvi falar que tinha especialistas em tumores cerebrais e também aceitava o plano de saúde do meu pai, São Lucas.

Impossível não se lembrar do grande médico de homens e de almas, companheiro de missão do Apóstolo Paulo de Tarso e Evangelista, do qual sempre tivemos tanta Fé em sua personalidade e po-

CAPÍTULO 8 - Fé: agir e esperar

deres espirituais.

Logo na recepção do hospital, falei da minha procura por uma consulta com neurocirurgião, a atendente, muito simpática, me deu nome de quatro especialistas que ali atuavam... Óbvio, não conhecia nenhum e não sabia qual escolher e agendar a consulta. Pedi a ela licença e fui ligar ao meu pai, que havia ficado em Sete Lagoas.

— Faça o que seu coração mandar, meu filho...

Resposta típica do meu pai. Fiz então uma oração pedindo a Jesus que me intuísse naquela escolha. Foi então que me lembrei do sorriso da atendente e disse a ela:

— Se o seu pai estivesse passando pela necessidade de uma cirurgia neurológica, qual destes especialistas você escolheria?

— Todos são ótimos, mas eu escolheria o Dr. Wilson Faglioni Junior...

Esse médico foi um anjo na vida de papai e de todos nós familiares. Os pouco a ser feito se tornaram quase nove anos de vida. A Fé e o otimismo de papai, ao lado de intermediários do Cristo em forma de médicos e enfermeiros, nos proporcionaram mais tempo ao lado do meu genitor, que tanto ensinou a todos nós com sua alegria de viver mesmo diante das adversidades.

Enfrentou três cirurgias muito delicadas para remoção tumoral em região delicada do encéfalo, quimioterapias, radiocirurgias, três intervenções no coração, dois AVCs, diversas convulsões e meses de internação. Sem falar dos 43 comprimidos que ingeria todos os dias e das seis aplicações de insulina.

A maior e única reclamação feita por ele em todo esse período, em que muitas vezes — devido à dor tão aguda na cabeça — ficava semanas sem conseguir conciliar o sono, foi na véspera de seu desencarne, quando, já no hospital municipal de nossa cidade, disse à minha mãe:

"— Que luta a nossa, meu amor...".

Aqueles que permanecem trabalhando, felizes e resignados ante as adversidades são os prediletos de Jesus. Papai foi um grande exemplo a todos nós, sem dúvidas. Mas o seu mérito está relacionado às oportunidades que teve para testemunhar sua Fé e o exercício da mesma sem murmurar um segundo sequer. Graças rendemos a Deus, nunca nos faltou o alimento, o tratamento médico, os medicamentos, o leito, as possibilidades de cirurgias e, em especial, o Evangelho!

Diante de todas essas bênçãos que nossa família recebeu, papai trabalhou muito. Ele acreditava nos propósitos do alto a seu respeito — Fé intelectual — e não deixava de servir. Ainda que seu corpo físico não o permitisse estar no trabalho profissional todos os dias em

CAPÍTULO 8 - Fé: agir e esperar

tempo integral, ele trabalhava sempre. Pois o trabalho é:

Toda ocupação útil.[27]

Portanto, o otimismo é uma forma de serviço, assim como a alegria que espalhas com todos os que partilham de sua existência. No entanto, há muitos irmãos com o potencial de Fé — pois esta é inerente a todos — e não conseguem desenvolvê-la por estarem privados de oportunidades sociais.

Nossos irmãos que passaram pelo cárcere são exemplo dessa falta de uma segunda chance, diante da indiferença social a eles. E isso não é *culpa de Deus*, mas dos homens, que precisam se mobilizar uns pelos outros. Ao meu pai, não faltaram recursos nem amigos e familiares para que ele pudesse testemunhar a própria Fé.

O profeta Isaias, do qual considero o profeta *Crístico*, pois nenhum outro sentiu tanto a aproximação de Jesus, ainda que houvesse reencarnado na terra cerca de oito séculos antes da vinda do Mestre, nos afirma sobre o Salvador:

"Era desprezado, e o mais rejeitado entre os homens, homem de dores, e experimentado nos trabalhos; e, como um de quem os homens escondiam o rosto, era desprezado, e não fizemos dele caso algum". (Isaías 53:3)

---

[27] *KARDEC, Allan. Livro dos Espíritos, Q 675 – Ed. 93. Brasília: FEB, 2013*

Uma carta viva sobre Jesus, que passou por muitas dificuldades que se assemelham aos desafios que encontramos por nossos irmãos que já cometeram crime ante a sociedade que ainda não aprendeu o valor da indulgência.

Pois são **desprezados** pela maioria, **rejeitados** por grande parte da sociedade, inclusive por cristãos. Todos **carregam suas dores**: psíquicas, emocionais e sociais, assim como as espirituais. Muitos, à própria família **escondem o rosto** de vergonha. **Experimentado nos trabalhos**, eis a única correlação que não se faz coerente com o Mestre. Pois, aos que cometeram crimes na vida, faltam oportunidade de labor.

Certamente, Filemon desenvolvia trabalhos vários em benefício dos filhos do calvário, assim como os labores profissionais que sustentavam sua família e também a igreja que fora constituída em seu próprio lar. Por isso, Paulo vem grifar sobre a Fé nesse trecho da epístola. Pois o trabalho é o combustível dessa virtude divina. E na comunidade de Colossos as ovelhas perdidas tinham novas oportunidades de voltarem ao aprisco do Bom Pastor pelo exercício da Fé.

Paulo ainda arremata esse trecho da carta dizendo que a Fé precisava se manifestar em Filemon por todo o conhecimento que ele havia adquirido em Jesus, que nos ensinou também sobre essa centelha divina que deixa a chama da fé acesa, o trabalho:

"Meu Pai trabalha até hoje e Eu trabalho também".

(Jo 16:33)

CAPÍTULO 8 - Fé: agir e esperar

Paulo de Tarso conhecia profundamente a alma humana. Nesse caso em especial, tinha informações sobre o passado de Filemon, sabendo de suas fraquezas, erros e dissabores. Sim, se o cristão de Colossos se converteu é porque ele não caminhava nas veredas do Senhor. Dessa forma, Paulo também preparava a terra do coração do seu amigo para um pedido especial que faria um pouco adiante na mesma carta, do qual estudaremos com maiores detalhes mais à frente.

"Porque temos grande gozo e consolação do teu amor, porque por ti, ó irmão, as entranhas dos santos foram recreadas."
(Filemon 1:7)

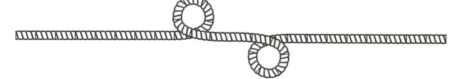

Valorização Humana

CAPÍTULO 9

CAPÍTULO 9 - Valorização Humana

Nesse trecho da carta, São Paulo consegue demonstrar o quão feliz estava com as ações caritativas de Filemon. Além de ter grande gozo na postura do amigo, Paulo se sentia consolado. Pois, enquanto verdadeiro cristão, compreendia a importância de haver outros irmãos que estavam sendo intermediários dos santos na terra, enxugando também lágrimas dos sofredores.

Impossível não se lembrar de um pequeno trecho na oração de São Francisco de Assis que ficou imortalizada na história da cristandade:

"Senhor, fazei de mim um instrumento da Vossa paz".

Naquele momento, Paulo alegrava-se pelo amigo que estava sendo instrumento de Deus na vida de muitos. Óbvio que também ocorria ali um "reforço positivo", que só foi estudado pela ciência no século XX por Skinner, um filósofo que através de muitas pesquisas conclui:

"A forma mais efetiva de incentivar uma pessoa a seguir determinado comportamento seria oferecendo prêmios a ela, quando estivesse na direção certa, ou a repreendendo, caso houvesse algum desvio de rota".

No caso de Filemon, certamente um grande prêmio era esse elogio/incentivo registrado por Paulo na epístola. Os cristãos compreendiam que não há maior tesouro que o espiritual. Muitos espíritas criaram a cultura de não poder *elogiar* o trabalho do outro para não deixá-lo vaidoso. É válido ressaltar que elogiar se difere de *endeusar*. Colocar um simples mortal acima do próprio Jesus — sim, isso tem ocorrido muito no movimento religioso —, em especial quando se trata de palestrantes, pastores, etc.

O elogio sincero não atrapalha ninguém. Mas, se é você o elogiado, fique feliz por perceber que está no caminho certo, sem se esquecer de que ainda pouco ou nada fizemos diante da *escada de jacó*...

Trabalhar a autoestima de um irmão, valorizar suas qualidades, é sempre um ato de caridade. Atualmente, há muitas pessoas em processos de desequilíbrio psíquico pelo simples fato de viverem com *"baixa autoestima"*. Além disso, temos muitos que gostam de criticar, de faltar com indulgência, de ser juízes de causa alheia; poucos, no entanto, são motivadores.

Esses exemplos são fortes dentro dos núcleos familiares, onde falta gentileza, compreensão recíproca e respeito às diferenças. Sobretudo, excedem-se nas críticas uns com os outros, não valorizando o que cada criatura carrega de positivo.

Vale ressaltar que até mesmo o elogio, a motivação precisa respeitar o bom senso. Simão Pedro, na obra sempre citada — *Paulo e Estêvão* —, em conversa com o ainda Saulo de Tarso, que havia acabado de se converter ao cristianismo, afirma:

CAPÍTULO 9 - Valorização Humana

"A melhor posição da vida é a do equilíbrio. Não é justo desejar fazer nem menos, nem mais do que nos compete, mesmo porque o Mestre sentenciou que a cada dia bastam os seus trabalhos". [28]

Reforce toda ação positiva de vossos filhos, cônjuge, pais, colegas e de maneira geral os que compartilham com você a existência. Sem, no entanto, exceder ao exagero, porque este também prejudica suas relações e as pessoas.

Muitas crianças e jovens vivem sem ter tido uma única frustação na vida, pois, nos excessos do receber e ter, são *blindados* pelos pais e avós das realidades da vida. Em consequência, os pais têm contribuído com um número triste e histórico de suicídio entre jovens, assim como transtornos mentais e enfermidades sérias, tais como: depressão, ansiedade, síndrome do pânico e estatísticas outras como: o aumento no uso de bebidas e drogas, feminicídio, agressões aos pais e filhos por parte desses jovens.

A semelhança em que Paulo conseguia trabalhar a autoestima, o reforço positivo em seus pupilos nas diversas comunidades cristãs em que ele fundou e mantinha com sua moral, sem excessos, precisamos fazer o mesmo com os que convivem conosco.

Certa feita, perguntaram a Chico Xavier qual personagem da obra *Paulo e Estêvão* havia sido mais importante, pois os amigos ali reunidos dividiam opções...

---

28 XAVIER, Francisco Cândido. *Paulo e Estevão. Ed. 45. Brasília: FEB, 2018.*

Alguns afirmavam que era Estêvão, um dos espíritos mais evoluídos que veio à terra na primeira hora do Evangelho. Outros, porém, pelo esforço de sair das lutas terrenas e ascender como poucos em uma única existência, afirmaram Paulo de Tarso.

Mas ainda havia alguns que em consenso diziam ser os dois, Paulo e Estêvão. Chico Xavier, que até o momento mantivera-se em silêncio, para surpresa geral, afirma:

— Simão Pedro foi o mais importante pós-crucificação.

A rocha do Cristo, onde foram edificadas as estruturas do cristianismo propagado por Paulo. Pedro, de fato, foi o equilíbrio no *pós-crucificação...*

Os fatos não demonstram o contrário, no tratado espiritual superior — *Paulo e Estêvão* — temos a chegada de dois doentes em fase terminal à Casa do Caminho, trazidos por um cristão humilde da cidade de Jope, de nome Efraim.

O fato marcante é que um daqueles enfermos era Jeziel, ao qual chegará à casa do cristão de Jope levado por um *"ladrão"* de nome Irineu, que o havia assaltado há instantes. Sim, a espiritualidade superior aproveitou o concurso de outro *"bom ladrão"* na história do cristianismo para resgatar o jovem israelita da morte por peste devastadora.

Mas, tendo em vista a falta de recursos da cidade, Efraim tratou de levar Jeziel e outro enfermo que também batera à sua porta apresentando as mesmas características graves daquela enfermidade.

106

CAPÍTULO 9 - Valorização Humana

Ao chegarem à Casa do Caminho, foram recebidos por Thiago e Pedro. O primeiro havia afirmado ser impossível recebê-los, tendo em vista a superlotação da casa, que já estava com 49 internos...

Mas Simão Pedro, com seu sorriso generoso, autoriza-os entrar, acolhendo com carinho paternal, dizendo ainda:

"O Mestre nos legou o trabalho de assistência a todos os seus filhos, no sofrimento". [29]

Mas o que nos chama a atenção não é apenas o *receber*. E, sim, o *como receber*. Aparentemente, dois pobres, sem família, sem dinheiro, sem saúde, sem prestígio ou poder aos olhos do mundo.

Para Simão Pedro, eram espíritos imortais, que ali teriam a oportunidade de conhecer a mensagem renovadora do Evangelho; mesmo diante de tantas lágrimas, uma porta nova se abrirá a eles. Simão confiava, acreditava. Não apenas acolhia, mas valorizava o ser humano ouvindo suas dores, se interessando por suas histórias e crendo na potencialidade de cada um daqueles aflitos do corpo e da alma. Muitos deles, à posteriori, marcaram a história da cristandade com vossas redenções diante da dor e sofrimento, se tornando os primeiros sete diáconos da igreja de Jerusalém — Casa do Caminho —, entre eles Estêvão, conforme nos narra *Atos dos Apóstolos* (Atos 6:5).

---

29 XAVIER, *Francisco Cândido. Paulo e Estêvão. Ed. 45. Brasília: FEB, 2018.*

Não foi em vão, ou por obra do acaso, que em poucos meses, vencendo a enfermidade grave, Jeziel, que modificou seu nome de batismo na nova fé para "Estêvão", passa a ser um dos maiores pregadores da Boa Nova que passaram pela terra.

Paulo, como bom cristão, fazia o mesmo na famosa epístola, demonstrando alegria sincera em perceber a postura de Filemon, homem caritativo, que também se fazia intermediário divino para acreditar e valorizar o irmão, ainda que este se apresente como um pequenino.

Pois, a Jesus Cristo, os pequeninos são Seus favoritos!

Em verdade vos digo que, quando a um destes pequeninos o não fizestes, não o fizestes a mim.(Mt 25:45)

A começar pelos lares, tomemos, pois, os exemplos de Simão, Paulo, Filemon e façamos a valorização humana aos nossos familiares. Dessa forma, estaremos burilando o nosso pensar e sentir, mas também contribuindo com a formação e crescimento espiritual dos entes amados. A partir disso, ficará mais fácil agir também em benefícios dos que se caracterizam por família universal/espiritual.

"Por isso, ainda que tenha em Cristo grande confiança para te mandar o que te convém,"

(Filemon 1:8)

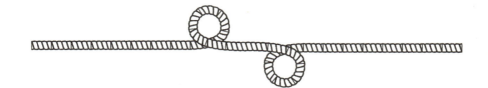

Autoridade Moral

CAPÍTULO 10

CAPÍTULO 10 - Autoridade Moral

A autoridade moral de Paulo em relação a Filemon e tantos outros que se converteram através dos trabalhos missionários do Apóstolo era muito forte. Até mesmo o grande líder da comunidade cristã primitiva, Pedro, em um momento crítico para as principais lideranças do cristianismo primitivo, recorre ao ex-rabino, a fim de que ele interceda em favor de João Evangelista, quando este foi preso em Roma, podendo ser morto a qualquer momento.

Nesse caso, conforme pormenores narrados em *Paulo e Estêvão*, o convertido de Damasco precisou retornar de sua estada em Tortosa (Espanha), onde divulgava o Evangelho, a fim de exercer sua influência por meio de Popeia Sabina, segunda esposa do imperador Nero. Paulo de Tarso, para conseguir a libertação de João Evangelista, tinha como única e mais eficaz saída procurar a preferida de Nero. No entanto, ante a comunidade cristã romana, tal atitude pauliana causou grande espanto aos que seguiam Jesus. Pois, segundo costumes da época, a Popeia não era uma mulher de boa conduta social no que se diz respeito aos desregramentos sexuais/afetivos.

Ou seja, os próprios cristãos sendo preconceituosos com a figura feminina e, também, com os desregramentos comportamentais do próximo. Nesse interim, ao saberem que Paulo havia recorrido a ela — objetivando a liberdade de João — vieram diversos protestos, aos quais Paulo respondeu nestes termos, conforme nos narra

113

Emmanuel na referida obra:

[...]Por que considerais imprópria uma solicitação a Popeia Sabina? Teríeis a mesma ideia se me dirigisse a Tigelino ou ao próprio imperador? [30]

O preconceito com a figura feminina é milenar. Da Grécia antiga, que a considerava amaldiçoada, das tradições à época do cristianismo em que a menstruação era reflexo das impurezas interiores da mulher — naquele período, o homem nem se deitava ao lado da esposa —, até mesmo pelo movimento religioso, quando na Idade Média a mulher era tida como bruxa pela Igreja Católica, o que levou muitas para a fogueira na Inquisição.

Não adianta fantasiarmos ou querermos maquiar o preconceito com a figura feminina nos dias atuais, pois no último século ela ainda era tida como uma escrava de luxo, que ficaria por conta dos afazeres domésticos e quando o esposo sentia necessidade satisfazia ainda seus desejos sexuais.

Em pleno século XXI, quando a mulher passa a ganhar mais autonomia para fazer sua história, realizar seus sonhos com maior liberdade, sem deixar de exercer seu papel fundamental ante a família, perdura ainda preconceito diante dela, como por exemplo o assustador aumento do índice de feminicídio, conforme registra a pesquisa destacada abaixo.

---

30 *XAVIER, Francisco Cândido. Paulo e Estevão. Ed. 45. Brasília: FEB, 2018.*

CAPÍTULO 10 - Autoridade Moral

O período de pandemia deixou esse quadro ainda mais triste. O Fórum Brasileiro de Segurança Pública (FBSP) destaca que os casos de feminicídio cresceram 22,2% entre março e abril de 2020, em 12 estados do País, comparativamente ao ano anterior. Intitulado *Violência Doméstica durante a Pandemia Covid-19*, esse documento foi divulgado no dia 01/06/2020.

O que é ainda mais triste é que essas estatísticas se referem aos casos consumados. Ou seja, em que a mulher, além de receber violência doméstica — morais, sexuais, econômicas, físicas ou psicológicas —, o que já é um absurdo, vem a óbito.

Paulo de Tarso, por muito tempo e ainda hoje, é tido como um homem que à sua época tinha enormes preconceitos com a mulher. Nesse trecho da obra, observa-se o contrário. Imaginem onde o quadro ante a figura feminina era muito mais hostil que o grave parâmetro atual, Paulo toma partido e a defende. Mas só teve tamanha coragem devido à sua conduta de respeito e apreço com as mulheres.

Imaginem a importância de uma Prisca no deserto existencial de Paulo; do encontro com Maria de Nazaré, que a partir de seus relatos repletos de humildade e vida fez com que o ex-rabino decidisse escrever o Evangelho; de Eunice e Loide, com amizade verdadeira confiando filho/neto ao coração paulino que se tornou pai espiritual de Timóteo; de Lídia, da cidade de Filipos, que abriu as portas do próprio lar e do coração para que fosse ali edificada a primeira igreja cristã do ocidente; de Febe, corajosa cristã que enfrentou o mar revolto para levar a Roma um documento que poderia levá-la à morte — a epístola aos romanos; o amor de Paulo a Abigail, que superou a morte do corpo físico, o fazendo lembrar-se da noiva amada todos os dias até o final de sua existência; e até o respeito dele, diante

115

dos assédios sofridos na sua jornada de vida, da qual destacamos o desequilíbrio de Tecla, a qual Paulo respeitosamente falou do Amor Fraternal.

É justo também abordarmos o tema de encarceramento das mulheres. Pois esses, além de serem feitos domesticamente por homens que acreditam estar exercendo uma autoridade moral, acabam praticando um crime de sérias proporções. Transcrevo abaixo um texto maravilhoso de uma grande amiga, Júlia Poletine, que é advogada criminalista, entusiasta da Justiça Restaurativa e pesquisadora dos direitos das mulheres. Que assim nos faz refletir:

Temos a quarta maior população carcerária feminina do mundo. São cerca de 42 mil mulheres presas (Infopen, 2018). Essas mulheres têm um padrão e refletem toda a seletividade de nosso sistema penal: maioria negra, com baixo nível de escolaridade, vítimas de violências anteriores (sexual, física, patrimonial, etc.) e cumprindo pena, em sua maioria, por tráfico de drogas — uma média absurda de 62% das incidências penais. Grande parte dessas mulheres se envolveu no crime por conta de um parceiro. Parceiro este que, ressalta-se, sequer aparece para uma visita. As queixas das mulheres presas não se resumem, portanto, às precárias condições estruturais de uma cela, mas ao abandono que sentem na pele e na alma. Elas, que tanto fizeram pela família, acabam sendo esquecidas quando apenadas.

Sobre o esquema de tráfico, tão atrativo, rentável e perigoso, é importante esclarecer que essas mulheres possuem o papel de "mulas" (esquema de "aviãozinho"), não tendo posição relevante na hierarquia do crime. O teto é de vidro. Vulneráveis, "caem" logo, para serem prontamente substituídas por outras mulheres, em um grande ciclo marcado pelo machismo em todas as

CAPÍTULO 10 - Autoridade Moral

esferas. O encarceramento feminino não desestrutura só a detenta, mas toda uma cadeia familiar — sim, porque, estatisticamente, as mulheres brasileiras ainda são as responsáveis, majoritariamente, pela educação dos filhos. Em minha última visita presencial à Colônia Penal Feminina de Abreu e Lima--PE (CPFAL), antes do início da pandemia do Covid-19, no mês de março de 2020, soube do caso de Ana* (*nome fictício), uma mulher ainda nos seus 30 anos, porém extremamente envelhecida, que não sabia sequer onde estava o filho de 8 anos, o qual transitava entre abrigos e lares adotivos. O pai? Ninguém sabia do paradeiro. Entretanto, o peso daquela responsabilidade familiar estava, como sempre foi, na figura materna. "Por que está presa?" ou "por que não pensou no seu filho?" são perguntas frequentes endereçadas a essas mulheres. Geralmente, não imputamos ao genitor as responsabilidades inerentes à paternidade, relegando apenas às mulheres um papel de guardiã, mesmo que elas estejam tolhidas de liberdade.

Assim como a pena se pauta em uma ilusão, a segurança jurídica que buscamos através dela é ingenuidade perigosa (ou mero punitivismo sádico). O Sistema de Justiça Criminal não consegue prevenir crimes, tampouco promover uma ressocialização eficiente, e todos os dados são muito claros. Trazendo o título de uma obra da genial Angela Davis, acredito que as prisões estão, sim, obsoletas — ou melhor, sempre foram ultrapassadas. O Abolicionismo Penal ainda é uma utopia em território brasileiro, mas que nos faz pensar em outras formas de lidar com os conflitos. É aí que vislumbramos, por exemplo, a Justiça Restaurativa no horizonte, já tão promissora nos países anglo-saxônicos e na Europa. Lá fora, é um dos temas mais discutidos da Criminologia contemporânea, inclusive quanto à aplicação em crimes graves. De fato, são muitas definições sobre o tema, porque não há uma única teoria restaurativa. Inclusive, observam-se variações a depender do país, da cultura, da cidade onde será aplicada, etc. O que se sabe, resumidamente, é que Howard Zehr foi um dos seus principais pioneiros, ainda na década de 1980,

117

Os Prisioneiros do Cristo - Rafael Lavarini

definindo esse modelo como uma forma de envolver todas as pessoas ligadas a um conflito (como vítima, agressor e comunidade), buscando "endireitar as coisas, na medida do possível". Ou seja, o foco da Justiça Restaurativa é promover uma "troca de lentes", reparando danos e compreendendo todas as nuances daquele crime.

Assim, entende-se que o processo restaurativo traz uma inclusão das partes envolvidas, buscando a participação ativa de todos os atores, além de ser informal e acolhedor — o que causa conforto, confiança e envolvimento seguro aos envolvidos. Há um desconhecimento sobre o que é a Justiça Restaurativa por parte da maioria das pessoas, inclusive dos juristas mais bem esclarecidos. Aliás, qualquer alternativa que seja oposta ao modelo retributivo de nosso Sistema Penal causa estranheza, desconfiança e aversão.

Mas, voltando à questão das mulheres encarceradas: como falar de gênero dentro do cárcere, um ambiente feito por homens para abrigar homens, no pior cenário lombrosiano? Como adequar mulheres dentro desse espaço cruel, inóspito, androcêntrico e extremamente machista? Se as condições de higiene, no geral, são praticamente inexistentes, o que dizer das necessidades básicas de algumas mulheres, como o direito a utilização de absorventes? Em Pernambuco, durante minhas visitas pessoais a presídios femininos, soube de presas utilizando miolo de pão para tapar o sangue durante o período menstrual. Não é preciso nem falar sobre outras necessidades, como os exames ginecológicos de prevenção, por exemplo. Aqui também podemos fazer uma reflexão sobre maternidade e cárcere: como se não existisse Princípio da Intranscendência da Pena, os bebês de mães encarceradas nascem em banheiros improvisados. Em outros cenários, vêm ao mundo com suas mães algemadas. Por que algemar uma mãe...? Que risco essa mulher, na hora do parto, poderia causar? Contrariando até mesmo o que dispõe o artigo 292, do Código de Processo Penal, o qual veda o uso de algemas durante o trabalho de parto, o

118

CAPÍTULO 10 - Autoridade Moral

recado é claro e simbólico: nossos corpos, na verdade, são deles. Do Estado e de seus agentes. Banalizados e desrespeitados, dentro e fora do cárcere, a ideia é que devemos obediência ao estado de exceção no qual vivemos a cada segundo, quando se é mulher.

Essas mulheres não sofrem apenas com condições de saúde e higiene precárias, mas com o abandono da família. E também de seus companheiros, enquanto elas, em contrapartida, são as mais fiéis aos parceiros presos. Ainda, precisamos falar de prostituição dentro do cárcere, que é uma forma de sobrevivência e barganha, tão antiga quanto o próprio homem — e ocorre, também, entre as quatro paredes de uma cela. As mulheres encarceradas envelhecem mais rápido, sofrem com a saudade de suas crianças, são proibidas de cultivar a vaidade, não têm seus corpos respeitados. O sistema penal é cruel para todos, mas se mostra, ainda mais para as mulheres, como um pai punitivo.

E elas se culpam sempre, porque a culpa é inerente ao "ser mulher" em um mundo assim. Nosso cárcere é medieval — não queimamos mais bruxas nas fogueiras, mas continuamos transformando as dignidades das mulheres em cinzas.

Os relatos feitos por Júlia Poletine, através de sua experiência, retratam a maneira que muitas vezes os homens querem exercer sua autoridade moral diante do próximo e diante das mulheres. Mas o respeito não é conquistado à força ou com humilhações. Dessa forma, dificilmente haverá êxito na recuperação dessas irmãs.

Outro ponto importante ressaltado por Júlia é a Justiça Restaurativa, que tem sido mais comentada nos últimos anos, mas ainda pouco utilizada no Brasil. No entanto, embora poucos saibam, a Apac, desde sua fundação, em 1972, já contribuiu nesse âmbito.

119

Pois, dentro dos princípios apaquenos, tanto o recuperando quanto sua família e também a vítima têm auxílio prestado pela Associação. Um mediador que trabalhará para a Justiça Restaurativa precisa ter habilidades tantas e assim contribuir em problemas extremamente delicados entre vítimas e agressores. Essa, sem dúvidas, era uma característica de Paulo de Tarso, que se tornou grande mediador de conflitos em toda a comunidade cristã.

Sobre os cristãos que julgavam a figura de Popea Sabina, o apóstolo Paulo teve manejo sendo verdadeiro e ao mesmo tempo misericordioso, demonstrando uma vez mais que era um grande mediador de conflitos, por sua autoridade moral:

> *Irmãos, é indispensável compreender que a derrocada moral da mulher, quase sempre, vem da prostituição do homem. [...] 31*

Há de se ressaltar, ainda em defesa de Paulo — sei que não precisa de mim como advogado, mas tento ser, rs —, aos muitos que o consideram preconceituoso com a figura feminina, no trecho acima ele atribui essa responsabilidade de derrocada moral à figura masculina.

Além disso, há uma passagem na primeira carta aos Coríntios (11:6), da qual citamos abaixo, para devida análise:

---

31 XAVIER, Francisco Cândido. *Paulo e Estevão. Ed. 45. Brasília: FEB, 2018.*

CAPÍTULO 10 - Autoridade Moral

Portanto, se a mulher não se cobre como véu, tosquie-se também. Mas, se para a mulher é coisa indecente tosquiar-se ou rapar-se, que ponha o véu.

Nesse trecho, muitos afirmam o preconceito de Paulo ante as mulheres. Pois ele as obriga a utilizar o véu sempre que adentrar na igreja, costume este que se repetiu por muitos séculos nas comunidades cristãs e até os dias atuais é repetido por algumas mulheres devotadas aos cultos religiosos. Diante disso, acreditou-se e ainda creem que a mulher não tem direito de mostrar seu corpo ou cabelo como o homem o tem. Ocorre, porém, que, apesar das escrituras sagradas serem nossa fonte de água limpa, precisamos estudar o contexto social em que foram escritas as questões históricas e culturais, assim como religiosas e políticas. Nessa carta em especial, o ex-rabino se dirige à cidade de Corinto.

Portanto, a priori há necessidade de estudar essa comarca naquela época. Pesquisando, os costumes da chamada joia da Acaia — estado grego onde estava situada a cidade —, onde estivemos para aprofundar as investigações, descobrimos que lá, à época do cristianismo nascente, havia um templo para cultuar a Deusa Afrodite — deusa do amor —, e só naquele local havia mais de mil prostitutas. Além das casas de prostituição e tantos outros, homens e mulheres que assim o faziam nas vias públicas. Tudo isso, em uma cidade que contava com 250 mil habitantes.

Outro fato interessante, como eram muitas as irmãs que se entregavam aos prazeres carnais em troca de moedas, estas eram obrigadas a rasparem a cabeça como forma de serem diferenciadas das que não se prostituíam, afim de estabelecer uma ordem diante de tanto desregramento local.

E é por isso que Paulo de Tarso determina na famosa epístola aos coríntios, com sua autoridade moral, a necessidade de todas estarem com o véu ou todas rasparem a cabeça. Nesse caso, ele queria poupar as prostitutas, que poderiam sofrer assédio ou preconceito na igreja. Portanto, o apóstolo, que muitas vezes é tido como preconceituoso, não apenas defendia as mulheres — em uma época em que eram subjugadas ao extremo —, mas o fazia também com as irmãs que se prostituíam.

Daí tamanha autoridade moral paulina. Pois ele muito amou, sem fazer distinção de quem quer que fosse. Sua liderança era exercida pelo exemplo da própria vida pós-conversão. De fato, após o episódio com Popeia Sabina, o filho de Zebedeu foi libertado e pôde ainda exercer por anos seu ministério na famosa igreja de Éfeso, influenciando toda a Ásia. Onde, escreveu suas famosas cartas, o Evangelho e ainda Apocalipse.

Qual a nossa maior autoridade moral senão Deus, nosso Pai e Criador? Mas precisamos primeiro ter humildade de respeitar a lei dos homens que estamos subordinados enquanto reencarnantes. A partir desse respeito e cumprimento, será mais fácil nos aproximar do respeito à autoridade moral do Criador e de suas Leis que o Cristo outorgou. Ante esse raciocínio, há uma fala de Estêvão no tratado espiritual superior Paulo e Estêvão, a qual gostaríamos de registrar. No momento em que o grande mártir do cristianismo estava nos seus últimos instantes da vida terrena. Abigail, revendo o irmão fi-

CAPÍTULO 10 - Autoridade Moral

cou surpreendida e confusa quanto ao nome em que era chamado. Pois esta o conhecia como Jeziel, e em Jerusalém todos o chamavam de Estêvão.

Após questionamento da irmã, Estêvão compartilhou a história em que o romano Sérgio Paulo havia lhe dado liberdade, e, em promessa a ele, modificou seu nome para não comprometê-lo. Afirmando ainda:

"Ninguém será reconhecido a Deus se não mostrar agradecimento aos homens...". [32]

Imaginem o que deveria ter sido para Filemon ter recebido uma carta particular de Paulo de Tarso, grande autoridade moral do cristianismo e do próprio comerciante de Colossos.

Após iniciar a epístola louvando a Deus, rogando bênçãos a Ele e família, retrata a união recíproca entre ele e Jesus, exalta teus trabalhos do bem...

E pronto, demonstra que ele tem autoridade moral para não apenas pedir, mas mandar que faça algo.

A palavra de Paulo — intérprete do Cristo em suas cartas — era uma grande lei aos homens e mulheres convertidos por ele. De Popeia Sabina a Simão Pedro, havia um enorme respeito pela autoridade daquele homem. Sim, Paulo era um grande psicólogo do espírito humano e queria, com inteligência, levar um ensino ao seu

---

32 *XAVIER, Francisco Cândido. Paulo e Estevão. Ed. 45. Brasília: FEB, 2018.*

irmão de alma, Filemon.

Sobre tantas orientações espirituais ministradas nas diversas epístolas escritas ou ainda orientações presenciais de Paulo aos seus pupilos, sua autoridade era característica dos que lideram pelo exemplo.

Ele registra na epístola a Timóteo que também faz parte da Escritura Sagrada esta mensagem, que ainda ressoa e ressoará nos ouvidos e corações da posteridade:

"Toda a Escritura é divinamente inspirada, e proveitosa para ensinar, para redarguir, para corrigir, para instruir em justiça". (2 Timóteo 3:16)

Da autoridade de homens que tem a própria vida como endosso às leis que estamos subordinados na terra, as quais devem ser dignas do respeito sendo dever teus cumprimentos; até as escrituras sagradas, que cedo ou tarde ressoarão límpidas nos corações da criatura, pulsando como as veredas da verdadeira Justiça, do Amor cristalino à luz das ciências terrenas e espirituais.

Por ora, os que vivem na terra necessitam do exemplo de grandes homens que marcam épocas, cuja moralidade é capaz de inspirar tantos outros, sendo verdadeiros atalhos para as luzes que o Cristo plasmou por toda a crosta terrena.

Filemon e sua família foram um desses beneficiários paulinos. E é por isso que o convertido de Damasco registra ao fundador da igreja de Colossos:

> *"[…] ainda que tenha em Cristo grande confiança para te mandar o que te convém […]".*

"Todavia peço-te antes por amor, sendo eu tal como sou, Paulo o velho, e também agora prisioneiro de Jesus Cristo."

(Filemon 1:9)

Do Amor ninguém foge

CAPÍTULO 11

CAPÍTULO 11 - Do Amor ninguém foge

Com toda autoridade para determinar, Paulo com humildade, prefere pedir ao seu irmão, conforme veremos a seguir...

Com toda autoridade moral para determinar, Paulo humildemente pede. Duas características paulinas há neste item do texto. Primeira: velho; Segunda: prisioneiro de Jesus Cristo.

Ser velho não é apenas no sentido fisiológico. Certamente, estende-se, como em todos os textos do livro sagrado da vida — *Bíblia* —, ao sentido espiritual. Portanto, ser velho para ele significava maturidade espiritual. A famosa carta aos coríntios, no capítulo 13, já citado em seus primeiros itens anteriormente, vem novamente nos auxiliar na compreensão dessa interpretação. Aliás, todas as passagens do novo testamento se engrandecem e tomam forma quando são relacionadas a outras passagens desse mesmo livro sagrado, do qual transcrevemos abaixo:

"Quando eu era menino, falava como menino, sentia como menino, discorria como menino, mas, logo que cheguei a ser homem, acabei com as coisas de menino".(1 Coríntios 13:11)

Paulo não era mais uma criança espiritual. Assim como já havia superado o estado de ser homem, já era velho em espírito. Dessa forma, não enxergava Deus a semelhança do homem que o vê como se fora em um espelho embaçado. Mas via Tuas Leis *"face a face"* como *"também era visto por Deus"*.

Já no segundo aspecto, ele solidifica ainda mais essa primeira análise, à qual atribuímos a maturidade espiritual que ele havia adquirido. Pois apenas quem alcança uma região de paz interior, fruto da consciência reta pelo dever cumprido, após sair das lutas humanas e com fidelidade seguir Jesus com perseverança. Sentir o perfume das rosas, mesmo quando estas apresentam espinhos, essas foram as marcas de Paulo. Ele costumava afirmar que:

"dos pântanos nasciam, muitas vezes, os lírios mais belos". [33]

E é por isso que o grande perseguidor agora se aprisionou a Jesus, afirmando isso em cartas, como nesse trecho a Filemon.

Diante dessa autoridade moral paulina, demonstrando humildade, ele não queria exigir, mas propor. Jesus Cristo, em diálogo com um dos seus discípulos, Bartolomeu, registrado em outro tratado espiritual também psicografado por Chico Xavier — *Boa Nova* — sob autoria espiritual de Humberto de Campos, traz um conceito maravilhoso:

---

33 *XAVIER, Francisco Cândido. Paulo e Estevão. Ed. 45. Brasília: FEB, 2018.*

CAPÍTULO 11 - Do Amor ninguém foge

"A verdade não exige: transforma". [34]

Esse sol interior, capaz de aquecer as almas mais frias, despertando a centelha divina em toda criatura, pois ninguém resiste ao Amor, foi sem dúvidas o mecanismo utilizado por Francisco Cândico Xavier em muitas atitudes de sua existência. No entanto, o Amor de Chico era em maior parte expressado das formas mais simples que imaginarmos. Há alguns anos, em conversa com minha avó, Maria Antonieta, perguntei a ela qual havia sido o momento mais marcante na vida dela e do vovô ao lado de Chico Xavier. Vovó, sempre muito emotiva, meditou alguns minutos e me narrou um fato que também muito me emocionou.

Na época em que costumavam visitar Chico Xavier periodicamente, ele já vivia em Uberaba, da qual Sete Lagoas está distante cerca de 600 km, uma viagem que hoje é realizada em mais ou menos sete horas de carro. No entanto, nas décadas de 1970 e 1980, com estradas ruins e de *fusquinha*, gastavam quase o dobro do tempo dos dias atuais. No entanto, era para ver Chico e certamente não viam o tempo passar.

Lembro-me do amigo e biógrafo de Chico Xavier Jhon Harlei, autor dos livros *O Voo da Garça* e *Nas Trilhas da Garça*, que narram a trajetória de Chico em Pedro Leopoldo e nas Minas Gerais, respectivamente afirmar que:

---

34 *XAVIER, Francisco Cândido. Boa Nova. Ed. 37. Brasília: FEB, 2014.*

"Quem se aproximava de Chico Xavier com um pro-blemão saía de lá com um problema; aquele que tinha problema saía com probleminha; quem possuía probleminha voltava sem nada; e quem chegava sem estar sofrendo saia flutuando..."

E, assim, meus avós venciam aquela distância com alegria antes mesmo de estar ao lado do médium.

Numa dessas inesquecíveis viagens, em que lá ficaram o fim de semana, já no domingo à tarde, a sala da casa de Chico Xavier estava com muitos amigos, que como de costume conversavam e aprendiam com o pedroleopoldense. Preocupados com o horário de ir embora, tendo em vista a distância a percorrer no caminho de volta, pois no dia seguinte vovô trabalharia bem cedo, perceberam que não conseguiriam se despedir de Chico sem perder muito tempo aguardando todos conversarem com o médium. Foi aí que meu avô disse a vovó:

"— Antonieta, vamos embora, depois escrevemos uma carta de agradecimento ao Chico, ele vai nos compreender...".

Minha vovó topou, e assim entraram no *fusquinha*. Ocorreu, porém, um fato interessante. Da casa de Chico, sai uma senhora dizendo aos meus avós:

"— Casal de Sete Lagoas, esperem, venham cá... o Chico quer falar com vocês!".

Naquele instante, a barriga gelou e as pernas do casal setelagoano tremeram... Imaginem só, ficaram o final de semana com Chico,

CAPÍTULO 11 - Do Amor ninguém foge

que sempre os recebia tão bem e nem um "muito obrigado"...

Nesse estado de espírito, voltaram para o interior da casa. Aquele amontoado de gente em silêncio absoluto. Pois, devido à autoridade moral do médium, que interrompe os diálogos para chamar alguém, certamente era algo importante.

Já de volta ao interior da casa, meus avós, sem ousar quebrar aquele silêncio, apenas assistiram Chico Xavier se levantar e a passos lentos andar em direção dos dois. Sem pronunciar uma única palavra, pega as mãos do meu avô, coloca-as sobre as mãos de minha avó, olha demoradamente nos olhos dos dois como se estivesse lendo a alma daquele casal, assim como seus compromissos assumidos, e então lhes oferece um beijo nas mãos, dizendo:

"Este beijo é para unir ainda mais o Amor de vocês".

Impossível foi pegar o volante e viajar naquele momento. Precisaram de algumas horas para se recuperar. Para muitos um momento simples ou sem muita importância. Mas Chico agia com tanto amor que abalava os alicerces espirituais dos que com ele desfrutavam da presença. Esse foi, portanto, o momento mais feliz e significativo vivido por meus avós ao lado desse pequeno grande homem. A simplicidade é o que existe de mais belo, e, através dela, Chico Xavier fazia brotar o seu amor no coração do próximo.

Assim como Chico é ainda a autoridade moral do movimento espírita do Brasil e exterior, mesmo após sua desencarnação, Paulo o era para todas aquelas comunidades do cristianismo nascente. Ainda que parecesse algo simples, o prisioneiro do Cristo, já velho fisicamente e maduro espiritualmente, afirma neste trecho da carta que seu pedido à Filemon era realizado da seguinte forma:

" [...] peço-te antes por amor...".

Ainda sobre o Amor, impossível não recordarmos do apóstolo amado, João Evangelista, com mais de 100 anos de idade, após uma vida inteira de testemunhos e meditações à luz do Evangelho redentor, registra em sua primeira carta:

"Nós conhecemos e cremos no amor que Deus nos tem. Deus é amor; e quem está em amor está em Deus, e Deus nele". (1 João 4:16)

Uma famosa história corre nas tradições apaqueanas. Pois um irmão que havia cometido crimes no Estado de Minas Gerais ficou famoso por ter fugido algumas vezes dos presídios em que era encarcerado. Mesmo ele sendo preso em segurança máxima, ocorreu novamente. Após ter sido recapturado pelas autoridades policiais, o responsável pela Apac de Itaúna-MG solicitou a transferência daquele irmão.

Mas imaginem a resistência ante esse pedido. Pois devemos

CAPÍTULO 11 - Do Amor ninguém foge

lembrar que a Apac tem muros baixos, não possui cerca elétrica, polícia penitenciária ou qualquer tipo de segurança armada. Aliás, conforme já explicamos, quem fica com as chaves são os próprios recuperandos. Portanto, teoricamente era uma grande loucura aceitar a transferência daquele irmão a um presídio com essas características. No entanto, provavelmente pelos resultados estatísticos que a Apac já demonstrava, a transferência foi acatada pelas autoridades e por cerca de um ano aquele homem se tornou um recuperando apaqueano. Mas, sem tanta surpresa a maioria, após esse período ele acaba fugindo com facilidade...

Algum tempo após a fuga, quando as autoridades já haviam sido avisadas, um fato curioso e histórico ocorre. Pois bateram às portas da Apac de Itaúna e, quando o recuperando responsável pela portaria principal foi averiguar quem era e do que se tratava, acabou tomando um grande susto. Pois surpreendentemente o irmão que havia fugido há pouco retornou...

No que foi questionado pelo porteiro:

"Você não tinha fugido?".

A resposta, dada em lágrimas de emoção e arrependimento, corre como tradição entre os recuperandos apaqueanos, voluntários e funcionários da instituição e até os dias atuais; é um mantra da Associação:

"Do Amor ninguém foge...".

"Peço-te por meu filho Onésimo, que gerei nas minhas prisões;"

(Filemon 1:10)

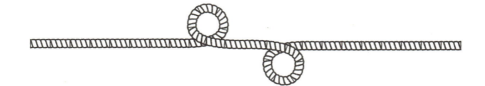

O escravo arrependido

CAPÍTULO 12

CAPÍTULO 12 - O escravo arrependido

Enfim, Paulo de Tarso chega no ponto principal da famosa carta a Filemon: o pedido de acolhimento ao jovem e ex-presidiário Onésimo, o qual foi convertido nas pregações paulinas realizadas na prisão.

Aparentemente, um pedido normal de acolhimento entre irmãos de Fé. No entanto, o pedido tinha um significado ainda mais espiritual. Mas, para bem compreender a essência desse pedido, vamos descrever os pontos abordados nos itens que antecedem esse trecho da carta.

Paulo de Tarso inicia a epístola retratando a importância da cooperação; roga bênçãos do Senhor da vida a Filemon e toda a família; demonstra-se satisfeito com as obras de Fé realizadas pelo amigo; faz-se lembrar de que por intermédio dele — Paulo de Tarso — o fundador da igreja de Colossos havia encontrado o sentido da Vida; por fim, demonstra que, por gratidão e reconhecimento, Filemon deveria estar apto a receber as determinações ministradas por ele. No entanto, apenas faria um pedido... e que *pedido*!

"Deus tem estradas onde o mundo não tem caminhos" [35], afirma-nos Meimei através de Chico Xavier; e é por isso que na prisão domiciliar de Roma, enquanto Paulo se deslocava ao presídio todos os dias para comer com os presos e pregar o Evangelho aos encarcerados,

---

35 XAVIER, *Francisco Cândido. Amizade. Ed. 1. Araçatuba: IDEAL, 1977.*

ele conhece, dentre vários irmãos que se convertem, Onésimo. Sim, que por sua vez, havia sido preso por ter roubado e fugido do seu senhor, que não é outro senão Filemon!

Paulo de Tarso, de fato, já praticava a Justiça Restaurativa. Era um grande apaqueano! Percebam essa carta, apesar de pequena em tamanho é grande por espiritualidade. Nela, há uma grande mensagem do perdão em movimento, através da *reconciliação* entre agressor e agredido.

Na mesma medida que a Caridade é o Amor em movimento, a *Reconciliação* é a maior característica do perdão sendo exercido. É impossível perdoar sem reaproximar e restaurar as arestas. Esse caminho, cedo ou tarde, toda criatura que se distancia da outra deverá percorrer, nessa ou em outra vida, a fim de que não acarrete ainda mais prejuízos em sua saúde física, mental, social e espiritual.

As experiências de São Paulo, com o *"Concilia-te depressa com o teu adversário, enquanto estás no caminho com ele"* (Mt 5:25) no episódio já narrado entre Thiago, filho de Alfeu e Paulo de Tarso, o fazia compreender a importância de proporcionar a mesma oportunidade de reajustes entre aqueles irmãos — Filemon e Onésimo — em Jesus Cristo. Quantas reconciliações necessitas ainda? Quantas vezes sois vós o ferido por mínimas contrariedades, as quais o pseudoperdão engana a ti mesmo? Pois passar a borracha difere de reescrever a história. Portanto, sempre que lerdes as escrituras sagradas, deverá adotar a posição daquele que recebe a mensagem para pô-la em prática seja qual for a circunstância ou o chamado.

Além disso, Martim Lutero, o reformador, homem digno que lutou por restaurar a mensagem do Cristo em sua pureza cristalina,

CAPÍTULO 12 - O escravo arrependido

a qual já havia se perdido por muitos séculos nas tradições da igreja, afirma que:

"Todos nós somos Onésimo".

Mario Ottoboni, intermediário de Deus para fundar a Apac na terra, também nos ensina algo semelhante quando nos diz: *"somos todos recuperandos"*. Não é por obra do acaso que toda criatura na terra também se encontra encarcerada no mundo, em que o corpo físico priva o espírito de sua real liberdade. Não julgues, portanto, o irmão encarcerado. Medite em sua própria situação e compreenda que necessita ainda acertar contas com as Leis maiores da Vida, que equilibram o universo.

Esses ensinos, pois, estão em concordância com a famosa frase dita por Jesus na praça principal de Jerusalém:

"Aquele que dentre vós está sem pecado seja o primeiro que atire pedra contra ela". (João 8:7)

No momento que marcou a história da humanidade, em que a multidão se preparava para o julgamento da mulher que fora pega em adultério e tiveram suas almas estremecidas após essa afirmativa do Mestre de Nazaré. É válido ressaltar que apenas a mulher foi apresentada, sendo que ninguém comete adultério só, prova do preconceito histórico ante a figura feminina.

Diante desse quadro, Jesus que escrevia no chão da praça principal de Jerusalém — *feito de pedra de mármore* — com seu indicador, nos fazendo recordar o recebimento da primeira revelação da Lei de Deus, tendo por intermediário Moisés no Monte Sinai; pois, segundo as tradições registradas no livro de êxodo (31:18):

"E deu a Moisés (quando acabou de falar com ele no Monte Sinai) as duas tábuas do testemunho, tábuas de pedra, escritas pelo dedo de Deus".

Simbolicamente, Jesus fazia com que o povo de Jerusalém se lembrasse da própria Lei Mosaica. Pois ela nos recomenda em dois dos 10 mandamentos:

"Não matarás" (Êxodo 20:13)

"Não dirás falso testemunho contra o teu próximo". (Êxodo 20:16)

Portanto, Jesus quis recordar que ele não era um revolucionário contrário a Moisés e aos profetas, apenas o Espírito puro ao qual Deus nos enviou a fim de cumprir a lei da primeira revelação pela vivência do Amor imperecível, representando, portanto, o Messias prometido pelas antigas escrituras. Dessa forma, ele não apenas simboliza naquele momento o dedo de Deus, novamente escrevendo na pedra, mas age em concordância com as recomendações das leis divinas com o tempero do Amor.

142

CAPÍTULO 12 - O escravo arrependido

Onésimo, segundo as tradições daquela época, por ter roubado e fugido de seu *dono*, poderia, caso fosse vontade de Filemon, pagar com pena de morte ou ficar o restante da vida na prisão. Ou seja, ele corria risco de ter prisão perpétua ou ainda amargar o que hoje é conhecido como *corredor da morte*.

Havendo uma quantidade grande de escravos, que somavam muito maior número que os seus proprietários, os senhores temiam uma revolta dos primeiros. Por isso, se resguardavam através da repressão e humilhação de seus servos, que viviam com muito medo das reprimendas. Pois qualquer discordância ou desobediência eram motivos de açoites, barbaridades sem fim e ainda a própria morte do serviçal.

Certamente, Paulo de Tarso, com toda sua influência, conseguiu a liberdade *condicional* ao escravo convertido. No entanto, ele deveria ainda acertar contas diante da justiça terrena e nada melhor que ser perdoado por seu próprio "dono". Para tanto, Onésimo deveria dar o testemunho da humildade — primeiro passo para transformação de qualquer espírito imortal — e voltar à casa de Filemon em Colossos, pedir perdão e estar pronto para servi-lo, seja como fosse. Dessa forma, sendo perdoado, estaria *quite* com a justiça terrena e em paz com a oportunidade de refazer o caminho pós-arrependimento.

Filemon, que aparentemente era a vítima da situação, deveria dar um testemunho ainda maior. Pois conhecia Jesus há mais tempo e enquanto cristão o seu perdão o deixaria quite com a justiça do alto, esta que condiciona a consciência do homem nos umbrais, abismos e trevas ou ainda aos planos mais elevados da vida. SSim, a falta de perdão é tão grave como a atitude de quem fere. Além disso, o não reconciliar por parte de um cristão poderá agravar ainda mais sua situação ante a própria consciência.

Diante dessas circunstâncias de perdoar e ser perdoado, Emmanuel faz um apontamento interessante quando vem apresentar o espírito de André Luiz — pseudônimo de Carlos Chagas — no *best-seller Nosso Lar*, afirmando que:

> *A maior surpresa da morte carnal é a de nos colocar face a face com a própria consciência, onde edificamos o céu, estacionamos no purgatório ou nos precipitamos no abismo infernal.* [36]

É possível, portanto, consultar a consciência diariamente, a fim de avaliar como será sua partida e respectiva chegada para morada do espírito. Ainda há tempo de fazer os ajustes necessários, reconciliar enquanto podes e estais a caminho... Pois, o perdão é a coroa da paz que tanto almejas. Quanto mais indiferença e ódio, mais prantos e ranger de dentes...

Ainda em *Nosso Lar*, temos o prefácio escrito por André, que nos aponta a necessidade de conhecer a nós mesmos, estarmos atentos aos nossos dramas, sentir as responsabilidades que nos cabe diante do próximo, para que a reencarnação seja aproveitada da melhor maneira:

> *Oh! Caminhos das almas, misteriosos caminhos do coração! É indispensável viver o vosso drama, conhecer-vos detalhe a detalhe, no longo processo do aperfeiçoamento espiritual!...* [37]

36 XAVIER, Francisco Cândido. *Nosso Lar*. Ed. 64. Brasília: FEB, 2014.
37 XAVIER, Francisco Cândido. *Nosso Lar*. Ed. 64. Brasília: FEB, 2014.

CAPÍTULO 12 - O escravo arrependido

Por vezes, o espírito reencarnado caminha no mundo distraído às responsabilidades morais que o sintoniza às esferas mais altas da vida ou ainda o rebaixa a zonas de sofrimento e lágrimas. Mas, como Deus nunca é pobre em misericórdia, nos envia mensagens espirituais através dos amigos. Sim, Paulo de Tarso escreveu uma carta de verdadeiro amigo a Filemon, oportunizando a ele e Onésimo a chance de estarem límpidos de consciência diante dos fatos ocorridos.

Nunca deixa de aproveitar as oportunidades de reajustes que a vida lhe oferece, seja através de sua própria percepção e humildade, seja através da orientação de um amigo verdadeiro como Paulo o foi ou por seu próprio despertar nos diversos chamados que o Evangelho vos dirige. Uma reencarnação passa muito rápido e não se deve perder chances de aparar as arestas, a começar dentro do próprio ambiente doméstico. André Luiz, no referido prefácio, sintetiza a passarem pela vida terrena de uma maneira belíssima:

Uma existência é um ato.

Um corpo – uma veste.

Um século – um dia

Um serviço – uma experiência.

Um triunfo – uma aquisição.

Uma morte – um sopro renovador.

Quantas existências, quantos corpos, quantos séculos, quantos serviços, quantos triunfos, quantas mortes necessitamos ainda? [38]

Meditando novamente na atitude de Paulo em auxiliar um escravo que poderia sofrer para o resto de sua vida no cárcere ou tê-la abreviada, evidencia com sua intervenção em benefício de Onésimo que ele era contrário à pena de morte e à prisão perpetua. Assuntos que não deixam de ser atuais, tais como o porte de arma de civis. Temas relevantes e que o Evangelho é claro quanto a tais movimentos. Lembremos, uma vez mais, de nosso Senhor Jesus Cristo, pois Ele nunca foi a favor da morte do pecador, mas sempre acreditou — e acredita — em sua redenção espiritual, seja qual for o crime cometido.

Jesus também era contra o porte de armas, ainda que o mesmo tivesse como justificativa a defesa diante de injustiças do mundo. Aliás, o discurso do Cristo a esse respeito não poderia ter ocorrido em melhor hora. Sim, Ele sempre falava de acordo com sua postura e, quando tratou desse assunto, foi no momento em que Ele repreende um dos seus apóstolos quando este defenderia o Mestre de uma prisão injusta — aos olhos do mundo —, como se confirma na passagem abaixo:

---

38 XAVIER, *Francisco Cândido. Nosso Lar. Ed. 64. Brasília: FEB, 2014.*

CAPÍTULO 12 - O escravo arrependido

"Embainha a tua espada; porque todos os que lançarem mão da espada, à espada morrerão". (Mateus 26:52)

A passagem é ainda mais profunda, pois o Nazareno nos adverse quanto a Lei de Causa e Efeito. Sim, não só foi contra o porte de armas de um homem aparentemente justo a fim de defender os seus, como também alerta quanto às responsabilidades dos atos daqueles que já são iluminados por uma Lei de Justiça maior, a de Deus *"[...] todos que lançarem mão da espada, à espada morrerão"*.

Em momento algum, Jesus incentivou o crime ou fez vista grossa diante deste. Ao contrário, ele compreendia a vida sob a ótica do espírito imortal, e todo Evangelho foi um livro espiritual que transcende os interesses da vida terrena. Diante disso, nas diversas curas que Ele efetuava, eram comuns as bênçãos em favor do corpo físico por seu magnetismo de Amor serem acompanhadas de palavras como ocorreu na cura do paralítico de Betesda, registrada em João (5:14):

"Não peques mais, para que não te suceda alguma coisa pior".

As dores injustificáveis aos olhos desta vida são, em maior parte, resquícios de escolhas equivocadas do pretérito. O passado, ainda que não o recordes, é expresso através das más tendências de hoje. Por isso, a importância da máxima de Sócrates:

147

"Conheça-te a ti mesmo".

Contrário ao crime, que diverge de tua Doutrina, Jesus não deixava de amar os criminosos e acreditar em cada um deles. O próprio Paulo é sempre o grande exemplo, assim como tantas outras passagens, como a registrada por Lucas:

Eu não vim chamar os justos, mas, sim, os pecadores, ao arrependimento. (Lucas 5:32)

É tão lindo observar que Jesus acreditava na capacidade de amar inerente a todo ser humano, independente do erro que tenha cometido. Portanto, lembre-se do seu passado como advertência e o presente como uma grande oportunidade para refazer o percurso.

Processos obsessivos são instaurados por falta de reconciliações, que são movimentos sublimes do perdão. Quanto maior a sensibilidade do encarnado, mais ostensiva se torna a influência com o encarnado ou desencarnado que ele tenha necessidade de reajustes. O que se não restaurada pelo perdão culminará para muitos na *loucura* ou até mesmo no *suicídio*.

Maria de Magdala aproximou-se de Jesus Cristo no famoso jantar na casa de Simeão, o Fariseu em Naim. Após *Madalena* adentrar na residência para ir ao encontro do Mestre e expressar seu amor a Jesus se colocando aos pés dele na posição dos que estão dispostos a servir com humildade e boa vontade na vinha do Senhor, dando mostras em sua primeira profissão de fé ante o Evangelho:

CAPÍTULO 12 - O escravo arrependido

Beijou os pés do Mestre – normalmente quando o convidado era ilustre o beijava nas mãos ou no rosto;

Lavou os pés de Jesus com as lágrimas – era comum oferecer uma bacia para lavar os pés dos convidados;

Derramou um perfume caro em todo corpo do Cristo – durante o jantar, se o convidado fosse ilustre era ofertado a ele o derramamento de azeite em sua cabeça.

Portanto, Madalena fez mais que costumeiramente faziam os anfitriões nesses grandes eventos das antigas aldeias da Galileia. Essa postura fez com que Jesus dissesse, na presença de todos, à aparente pecadora:

Por isso te digo que os seus muitos pecados lhe são perdoados, porque muito amou; mas aquele a quem pouco é perdoado, pouco ama. (Lucas 24:47)

O arrependimento, tal como ensinou João Batista, preparando os caminhos para o Senhor, tem como características principais:

1-Reconhecer o próprio erro e pedir perdão aos que feriu com sua invigilância;

2-Repensar a forma de corrigir seus erros através da ação;

3- Estar disposto a seguir e servir com persistência, segundo a vontade de Deus.

"Produzi, pois, frutos dignos de arrependimento."

(Mateus 3:8)

Maria expressava em seu olhar cada um desses aspectos, frutos do seu sentimento e vontade em fazer diferente. E é por isso que Jesus sentencia para toda posteridade:

Os teus pecados te são perdoados [...]. [...] E disse à mulher: A tua fé te salvou; vai-te em paz. (Lucas 7:48-50)

Mais tarde, aquela que era pecadora aos olhos do mundo passou a ser mãe espiritual de uma grande comunidade de leprosos, permitindo seu corpo apodrecer para seu espírito se dignificar. Ela ainda foi quem portou a mensagem de maior alegria que a humanidade já recebeu desde a crucificação do Mestre, quando ela vai até a sepultura de Jesus e não o encontra, tendo na sequência o encontro com dois anjos do Senhor:

Por que buscais o vivente entre os mortos? (Lucas 24:5)

Onésimo encontrava-se morto diante da vida do espírito imortal. No entanto, Paulo reascende as chamas da esperança em sua vida, recomendando-o ao teu antigo Senhor. Filemon, aparentemente vivo, em Cristo, poderia morrer em espírito pela falta de perdão. Reconciliar é viver!

"O qual noutro tempo te foi inútil, mas agora a ti e a mim muito útil; eu o tornei a enviar."

(Filemon 1:11)

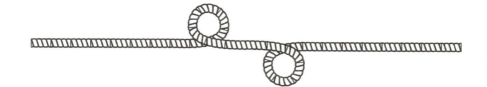

Utilidade

CAPÍTULO 13

CAPÍTULO 13 - Utilidade

Nesse trecho da *carta reconciliação*, Paulo de Tarso faz um "jogo de palavras", pois o significado do nome *Onésimo*, segundo o seu idioma de origem — grego —, é útil, proveitoso. Ou seja, aquele que o próprio nome expressa utilidade, antes deu prejuízo e foi inútil, não aproveitando o ensejo de servir ao seu senhor com humildade, característica dos que sabem obedecer sem murmurar. Através da boa vontade e do trabalho, o espírito imortal conquista paulatinamente sua liberdade verdadeira.

Agora, porém, era a autoridade moral de Paulo falando sobre a transformação de Onésimo, fruto do arrependimento pós-conversão na prisão romana, situada na Via Nomentana. O ex-doutor da lei mosaica ressalta ainda a utilidade dele não apenas a Filemon, mas também a ele.

Na primeira carta a Timóteo — seu filho espiritual —, há um registro emocionante em que Paulo de Tarso, como costumeiramente fazia, se coloca como pequeno diante dos irmãos, não deixando de ser verdadeiro:

[...] Cristo Jesus veio ao mundo, para salvar os pecadores, dos quais eu sou o principal. (1 Timóteo 1:15)

No entanto, essa posição não era uma falsa modéstia. Paulo, como já o dizemos, era extremamente verdadeiro e, apesar de saber e reconhecer seus erros, também sabia das potencialidades que todo ser humano carrega. Diante das diversidades de dons, me recordo de um amigo querido chamado Marcos Henrique, o Marquinho. O conheci aos 12 anos, quando praticava o basquetebol em um ginásio na região central de minha cidade. Ele trabalhava, desde então, olhando os carros que eram estacionados nas proximidades e lavando-os.

O que sempre me chamou a atenção era a forma em que desempenhava aquele labor. Antes, para mim, se tratava de um bico para ganhar moedinhas para um dependente químico sustentar seu vício, uma visão que representa minha arrogância e preconceito sem tamanho. Hoje, não por mim, mas por esse amigo que há mais de 20 anos através de seu exemplo me demonstra que é um dos melhores profissionais e seres humanos que conheci.

Por longos anos, Marquinho foi dependente químico. Nem por isso o vi faltar um único dia ao trabalho. Após o treino, ficávamos ali conversando por um tempão sobre coisas simples da vida, mas sempre ele deixava claro que um dia ainda largaria as drogas e seria um homem de Deus, para ajudar sua esposa, os seus pais e filhos...

Eu sempre dizia a ele que Deus nunca nos abandona e que eu também acreditava na sua redenção. Marquinho tinha sua fraqueza, mas também tinha seus dons e ainda os tem. A meu ver, o que sempre o sustentou foi a disposição em servir. O trabalho foi para ele o que é para todos que se dedicam a um labor: *o movimento sagrado da vida*.

CAPÍTULO 13 - Utilidade

No entanto, não adianta ocupar a mente se o coração ainda não foi burilado. Nesse caso, ele contava com a sua esposa, mulher digna, protestante e que sempre estava ao seu lado. Seja enquanto grávida, com os meninos pequenos, fazendo chuva ou pela madrugada, com o esposo, o auxiliando a lavar os carros e olhá-los... Foi então, que Dani, que certamente era e é o sustentáculo dele, conseguiu fazer com que Marquinho largasse as drogas e literalmente se convertesse ao Amor do meigo Nazareno.

Falo com sinceridade e emoção, um dos dias mais felizes de minha vida foi quando fui chamado por eles para ser padrinho do casamento na Igreja Universal de minha cidade, Sete Lagoas. Foi muita emoção ver meu amigo sóbrio, feliz e com um sorriso largo e o brilho no olhar, característica da felicidade, fruto da consciência tranquila por vencer as próprias dificuldades por meio do trabalho árduo de todos os dias e de tantas madrugadas; claro, temperado pelo amor.

Há uma canção linda e convidativa à reflexão quanto às muitas pessoas que passam por nossos caminhos, escrita por Oswaldo Montenegro, intitulada de A lista, que em sua primeira estrofe nos traz:

Faça uma lista de Grandes amigos / Quem você mais via há dez anos atrás / Quantos você ainda vê todo dia / Quantos você já não encontra mais.

Marquinho é um amigo que tenho há mais de 20 anos, uma amizade verdadeira, onde muito aprendi e aprendo até hoje. Ele tem uma família linda, honra pai e mãe, é bom esposo e excelente pai.

157

Profissionalmente, fez tão bem-feito e persistiu dia a dia no labor árduo que hoje arrendou um estacionamento na região central da cidade e continua olhando os carros e os lavando com o cuidado e a dedicação de sempre, ao lado da esposa, uma santa que santificou o Lar.

O que Marquinho poderia ensinar? Que todos têm seus pecados e suas sombras, mas com persistência poderás se tornar *útil* e vencer a ti mesmo. Além disso, o trabalho é a melhor forma de colocar as potencialidades da alma em benefício próprio, contando sempre com anjos que nos fazem ser melhores, no caso dele a esposa, os pais e os filhos.

Aos coríntios, Paulo vem discorrer sobre os dons e a utilidade, inerentes a todo ser humano:

"Ora, há diversidade de dons, mas o Espírito é o mesmo. E há diversidade de ministérios, mas o Senhor é o mesmo. E há diversidade de operações, mas é o mesmo Deus que opera tudo em todos". (1 Coríntios 12:4-6)

Nesse trecho da famosa carta à cidade de Corinto, Paulo de Tarso reconhece que todo ser humano tem um dom, mas este existe para que o objetivo seja comum. Há diversidade também de formas de trabalhar e servir ao Senhor, mas o objetivo desses labores também será sempre o mesmo. É sempre Deus que está no comando de tudo. Portanto, a partir dos dons, das diversas formas de Servir ao Senhor, o ser humano, ainda que tendo cometido um crime contra o próximo ou contra ele mesmo, poderá modificar o quadro existen-

CAPÍTULO 13 - Utilidade

cial da própria vida.

Para tanto, necessitará utilizar como combustível de transformação a boa vontade de se esforçar e potencializar pelo trabalho seus dons. A partir disso, servindo segundo as próprias capacidades e forças, conquistará gradativamente o mérito pelo serviço realizado. Não se esqueça, porém, que muitos dos irmãos encarcerados como Onésimo, para acreditarem e descobrirem os próprios dons, se tornando úteis e seguindo as estradas do Senhor, precisam de alguém que acredite na transformação destes e os incentivem a tanto.

Para Marquinho, a esposa e toda a família foram esse alicerce; para Onésimo, Paulo. Pois muitos permanecem inúteis e esquecidos por não ter alguém que acredite em suas mudanças de vida. Eis o papel do verdadeiro cristão diante das injustiças sociais: socorrer os sofredores.

Outro ponto importante de ressaltarmos é que Paulo de Tarso escreve as duas cartas na sequência uma da outra e pede para serem entregue as duas: a *Filemon* e à igreja que estava em sua casa, aos Colossos. Portanto, em *Colossenses*, encontram-se algumas "indiretas" do assunto tratado em carta particular, dentre as quais não se pode deixar de citar uma delas:

Vós, senhores, fazei o que for de justiça e equidade a vossos servos, sabendo que também tendes um Senhor nos céus. (Colossenses 4:1)

O que para muitos era só mais uma mensagem que recomendava Misericórdia entre os irmãos; pois, na mesma medida que empregas essa virtude divina ao teu próximo, Deus também empre-

159

gará convosco. Mas, a Filemon, esse trecho tem um sentido ainda mais profundo, o de *desatar nós*.

Não sofre apenas quem fez o mal a alguém, mas também aquele que não conseguiu perdoar o mal que alguém o tenha feito.

Já foi dito que a oportunidade antecede o mérito; para que alguém que tenha errado tenha uma nova chance, necessário é oportunizar. A esse respeito, registramos minha primeira ida a Apac como *voluntário* — para pregar o Evangelho aos irmãos —, após passar pelo curso preparatório. Como registrado em capítulos anteriores, conheci a instituição como estagiário de Psicologia e, sentindo-me tocado pela causa, ingressei no curso de voluntários.

Naquele dia, para mim inesquecível, a pregação girou em torno da conversão de Paulo de Tarso. Ao final, um dos recuperandos chegou emocionado me dizendo que um dia ele gostaria de ter uma *Bíblia* como a minha... eu não pensei duas vezes e o presenteei na frente dos demais que acompanhavam a cena em respeitoso silêncio. Confesso que nunca fiquei tão feliz presenteando alguém...

Alguns dias depois, quando retornei à Apac de Sete Lagoas, o então presidente da instituição me chamou para tomar um café com ele e, durante o bate-papo, me perguntou que dia eu levaria à associação as outras 99 bíblias — à época, a unidade contava com 100 recuperandos. Eu engasguei o pão de queijo — como bom mineiro que sou — e, como se não compreendesse bem, ele me explicou melhor...

Não tem como julgarmos o mérito de um ser humano, seja ele encarcerado ou não, sem que busquemos nivelar as oportunidades do mesmo. Na Apac, eles deveriam ser tratados como iguais em direitos e deveres.

CAPÍTULO 13 - Utilidade

Sendo mais claro diante de minha postura, ou eu deveria entrar e pedir a *Bíblia* de volta e me desculpar diante deles ou de fato deveria presentear os outros. Dessa forma, fiz uma campanha relâmpago e arrecadei outras 99 para me desculpar com os outros irmãos dos quais não lembrei. Naquele momento, eu só via a oportunidade de "ser caridoso" com um, me esquecendo dos outros 99.

Diante disso, é válido fazermos uma análise social quando ouvimos um discurso de alguém que de terno e gravata fala sobre *meritocracia*. Respeitamos o ponto de vista de todos, mas essas questões precisam ser analisadas de maneira muito mais profunda.

Pois não tem como julgar meritocracia sem saber a origem e as oportunidades de estudo, alimentação, orientação de pai e mãe, saneamento básico, acesso à saúde, a lazer, a cursos de capacitação profissional, sua cultura e contexto social de sua forma mais ampla. Aí, sim, diante de todo contexto, que ainda não se fará claro quanto às tendências e conquistas daqueles espíritos, poderíamos julgar a meritocracia...

Sobretudo, é necessário ponderar antes de qualquer julgamento. Nunca sabemos o que levou o irmão cometer aquele equívoco. Além disso, se verdadeiramente soubéssemos compreender tais razões e nos colocássemos no lugar dele, perceberíamos que o crime cujo que ele cometeu também o faríamos, talvez em graus ainda mais graves, com maiores prejuízos ao agredido.

Certamente, Paulo de Tarso já havia conhecido todo histórico de vida do jovem Onésimo, assim como os seus erros e a vontade de modificar-se em Jesus. E foi por isso que ele exalta o quão o escravo, agora do Cristo, poderia contribuir nos trabalhos dos Colossenses.

161

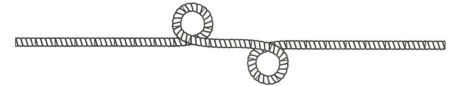

"E tu torna a recebê-lo como às minhas entranhas. Eu bem o quisera conservar comigo, para que por ti me servisse nas prisões do evangelho;"

(Filemon 1: 12,13)

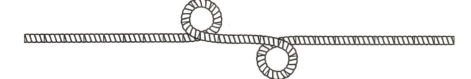

Sentimento profundo

CAPÍTULO 14

CAPÍTULO 14 -Sentimento profundo

O Apóstolo Paulo vai expondo os seus pedidos a Filemon gradualmente, em relação a Onésimo. No primeiro momento, *"apenas"* pede para que ele o receba, dando a entender a grande mensagem da Reconciliação; no segundo momento, o pedido vem acompanhado de característica de transformação íntima do escravo convertido e da utilidade dele no ministério do Cristo, tanto a Paulo quanto a Filemon.

Até esse ponto da epístola Paulo utilizou-se da fé raciocinada para demonstrar ao destinatário as razões que o deveriam mover para reconciliar-se com Onésimo, perdoando-o. Nesse trecho, porém, o convertido de Damasco vem falar de suas — entranhas — ante Onésimo. Segundo as tradições daquela época, essa palavra tinha o significado de sentimento profundo de compaixão, benevolência, misericórdia, tudo isso junto sendo movido pelo ponto mais forte do sentimento do indivíduo. Portanto, era esse o sentimento de Paulo com o escravo convertido. De fato, era um filho que ele havia gerado em sua prisão na cidade de Roma.

Outro ponto a se destacar na interpretação desse trecho da carta é o quanto seria confortável para Paulo ter Onésimo como colaborador. Nesse momento, o apóstolo da gentilidade traz outro grande ensino: *desapego*.

Por vezes, compreende-se que essa virtude é apenas em relação às coisas. Mas, principalmente às pessoas, faz-se necessário estar desapegado, o que não significa deixar de amá-las. Os desígnios de Deus poderão apartar-vos dos entes amados quando menos esperardes. Desapego não é desamor. Mas saber que a vida também é feita de encontros e reencontros, no entanto, o sentimento — entranhas — será sempre o que ligará os espíritos imortais, seja na terra ou em outros planos da vida.

Ainda que o ex-escravo fosse para ele muito útil, o ex-rabino compreendia o quão importante era ele estar ao lado de Filemon. Por meio desse entendimento, em camadas mais profundas e ainda misteriosas, a providência divina sabe o momento de apartar nossos entes mais queridos, ainda que sejam estes extremamente importantes à nossa existência, poderão em dado momento serem ainda mais úteis em outros planos ou outros locais.

Como não se lembrar dos familiares de encarcerados. Que se veem obrigados à separação com os seus familiares amados. Sobretudo, saberem que além de estarem sem a liberdade, do aconchego do lar e da família também estão privados da dignidade.

Se tens dificuldades em fazer visitas nos presídios, respeitamos. Mas gostaríamos de fazer um pedido: lembre-se desses irmãos em vossas orações, mas estenda também essas vibrações de amor aos familiares. As mãezinhas dos encarcerados muito sofrem...

No capítulo XI, *Amar o próximo como a si mesmo*, do Evangelho Segundo o Espiritismo, no item XIV, *Caridade com os Criminosos*, que foi assinado por Elizabeth de França — uma princesa que viveu no século XIX e foi martirizada em praça pública na Revolução

CAPÍTULO 14 -Sentimento profundo

Francesa, cuja vida foi dedicada aos camponeses e menos favorecidos — a caridosa e nobre princesa é considerada uma santa por martírio pela igreja Católica. Um fato interessante, no dia de sua morte em praça pública, foi o *silêncio*. Após ser assassinada, todos os presentes puderam sentir um perfume que envolvia todo o ambiente.

Algum tempo depois, em 1862, ela vem escrever através dos médiuns que trabalhavam ao lado de Allan Kardec a já mencionada página do Evangelho dedicada aos irmãos que cometeram crimes. Demonstrando haver perdoado os próprios verdugos com tal gesto. Pois ela havia sido vítima de injustiça no mundo. Abaixo, descrevemos um trecho dessa linda mensagem:

Deveis a esses de que vos falo o socorro de vossas preces: eis a verdadeira caridade. Não deveis dizer de um criminoso: "É um miserável; deve ser extirpado da Terra; a morte que se lhe inflige é muito branda para uma criatura dessa espécie". Não, não é assim que deveis falar! Pensai no vosso modelo, que é Jesus. Que diria ele se visse esse infeliz ao seu lado? [39]

Nos dias que correm, onde a humanidade atravessa um período histórico — pandemia do coronavírus —, nossos irmãos em prisão estão há meses sem poder receber visitas. O que já não era fácil estar privado de liberdade e de tantos outros direitos que não deveriam estar — o que dificulta a reeducação dos mesmos, assim como a educação espiritual deles —, agora não recebem nenhum tipo de visita ou contato com os familiares.

39 *KARDEC, Allan. O Evangelho Segundo o Espiritismo. Ed. 347. Araras: IDE, 2008.*

Nessas horas tormentosas e em tantas outras vividas por recuperando e familiares, é indispensável a responsabilidade cristã vos convidar às orações destinadas a essa sombra de lágrimas. A prece fará o papel do sol. Sim, o sol que tantas vezes eles sequer podem desfrutar...

E o que é o sol se não as energias do próprio Cristo que nos fortalecem após uma noite de trevas?!

Sois criados por Deus! Livres, embora ignorantes no princípio; possuidor do DNA do divino, que lhe dará meios de serem sóis a iluminar a existência de muitos irmãos.

Por ora, encontra-te encarcerado, em corpo que lhe priva da liberdade real, com objetivo de educar o seu espírito imortal.

Não lamentes! Ainda que a noite trevosa e tormentosa das ilusões humanas te angustie, observe o movimento sagrado do sol todos os dias.

Jesus é o sol de vossas vidas. O sol é a manifestação diária do Amor deste Mestre que vos convida a ser livre.

Desvincule-se das algemas fluídicas que vos tem deixado encarcerado. A Caridade será sempre as chaves que lhe darão tal liberdade. Acredite! Aja agora e ouça com a voz do Cristo, palavras de Vida Eterna que vos direciona sistematicamente ao bem:

"Na verdade, na verdade vos digo que aquele que crê em mim também fará as obras que eu faço e as fará maiores do que estas, porque eu vou para meu Pai". (João 14:12)

CAPÍTULO 14 -Sentimento profundo

Por meio desse exercício diário, meus irmãos, poderemos levar pequenas parcelas de sóis espirituais a tantos irmãos que vivem em trevas. Secando, ainda, lágrimas nos corações de seus familiares, mesmo que não os conheça. A oração é o meio de comunicação com o alto, não apenas para pedirmos algo ou glorificarmos o Senhor, sobretudo para colocarmos as mãos em benefício do próximo.

Dessa forma, compreendendo a essência da mensagem do amor universal, que o Cristo testemunhou no momento mais doloroso de sua existência entre nós, quando rogou a João Evangelista que este cuidasse de sua mãezinha. Diga-se de passagem, a mãe de um detento aos olhos carnais que sofria a pena de morte, conforme observamos no Evangelho:

"Ora Jesus, vendo ali sua mãe, e que o discípulo a quem ele amava estava presente, disse à sua mãe: 'mulher, eis aí o teu filho'. Depois disse ao discípulo: 'Eis aí tua mãe'. E desde aquela hora o discípulo a recebeu em sua casa".(João 19:26,27)

Por meio de tal pensamento, alimentarás, como Paulo de Tarso, um sentimento digno de cristão, dedicando as entranhas de vosso ser aos mais sofredores e deserdados de sorte.

"Mas nada quis fazer sem o teu parecer, para que o teu benefício não fosse como por força, mas voluntário."

(Filemon 1:14)

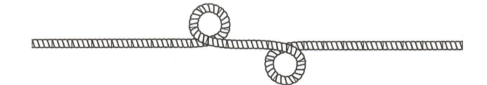

O que te convém

CAPÍTULO 15

CAPÍTULO 15 - O que te convém

As sementeiras do Evangelho para frutificarem no coração da criatura não poderão ser semeadas com exigências de colheita ou condições específicas. O Semeador do Cristo necessita, antes de tudo, compreender que a *Verdade por si só se eleva*, ao tempo de cada coração. A proposta do Amor imortal não exige, simplesmente transforma com labor e paciência.

Paulo de Tarso, aos pés de Jesus Cristo, às portas de Damasco, faz sua primeira profissão de Fé. É certo que, apesar de seu passado delituoso, o jovem também tinha suas potencialidades de Semeador de Esperança. E é por isso que se coloca na posição de humildade dos que buscam o labor sem escolher qual o arado:

"E ele, tremendo e atônito, disse:

Senhor, que queres que eu faça?".(Atos 9:6)

Observem que Saulo de Tarso, o perseguidor de Cristãos, se põe de joelhos aos pés do *Mestre da Paz e da Esperança*, estando à sua disposição. Jesus, por sua vez, acolhe o maior adversário da sua mensagem daquele momento, descendo dos planos mais altos da vida a fim de levar ao errante Tua Luz, que brilhava mais que o sol

Os Prisioneiros do Cristo - Rafael Lavarini

do meio-dia. Impossível, mesmo ao maior e mais cruel de todos os criminosos, resistir à força do Amor puro e verdadeiro, que de fato nunca exigirá; mas o sentimento maior expressado por Cristo de Nazaré soube, sabe e saberá sempre convidar, mostrar o caminho e aguardar com paciência a conversão de seu tutelado. E quem estará na terra esquecido da misericórdia de nosso Senhor?

E foi por isso que Jesus, o Galileu, assim respondeu ao recém-convertido de Damasco:

"E disse-lhe o Senhor: Levanta-te, e entra na cidade, e lá te será dito o que te convém fazer." (Atos 9:6)

Ananias foi o intermediário de Jesus na vida de Paulo. Aquele que o orientou no primeiro momento pós-conversão às portas de Damasco. Além disso, o grande Apóstolo da Gentilidade, ao longo da vida, precisou de muitos outros conselhos e orientações, sejam eles através dos discípulos diretos de Jesus: Pedro, João, Thiago filho de Alfeu; da própria Mãe Santíssima; ou de seus pupilos, como os jovens Silas, Timóteo, Lucas e Tito... Demonstrando humildade em saber ouvir e estar sempre disposto a aprender, seja com os mais experientes ou ainda com os jovens.

Não poderíamos deixar de registrar o encontro do velho discípulo Ananias com Saulo de Tarso, conforme nos narra Emmanuel em Paulo e Estêvão. Após curar a visão do ex-rabino, que por três — *este número, segundo as tradições judaicas, fala sobre união e consistência. Paulo se unia a um novo ideal, o que se fosse feito com disciplina e repetição tornar-se-ia um hábito a ele* — dias ficou cego e imerso em

174

CAPÍTULO 15 - O que te convém

profundas reflexões sobre sua vida desde a infância, as perseguições contra os cristãos e aquele convite amoroso do Mestre.

Ananias, que, por sua vez, conforme nos registra o livro *Atos 9:10-16*, também recebeu a visita espiritual de Jesus, solicitando àquele que seria perseguido para ir curar o grande perseguidor, Saulo.

No primeiro momento, o sentimento foi de medo, e Ananias que havia se colocado à disposição de Jesus:

"— Eis me aqui Senhor".

Agora, sabendo o que Jesus o pediu — ir ao encontro do perseguidor de cristãos — sucumbia na fé até o pedido do Mestre se tornar uma determinação:

— Vá! E eu demonstrarei a Saulo o quanto compete sofrer por amor ao meu nome.

Ele ouviu o chamado divino e nessas circunstâncias curou a cegueira física de Paulo a fim de que ele pudesse contemplar o quanto deveria trabalhar e servir à causa do Evangelho. Após esse gesto, segundo Emmanuel, Ananias arrematou na famosa hospedaria de Judas ao recém-convertido:

175

"Irmão Saulo — disse pressuroso —, este é o nosso grande dia; abracemo-nos na memória sacrossanta do Mestre que nos irmanou em seu grande amor!".

Paulo de Tarso, portanto, sabia, com propriedade, a importância de estar unindo irmãos em prol da Reconciliação com Jesus. Mas, como foi claro nesse item da mensagem, o gesto dele diante de Filemon não era determinação nem obrigação, não pretendia enviar Onésimo à força. Pois, segundo Paulo, o mérito em receber o ex-escravo novamente seria totalmente de Filemon, desde que o aceitasse de boa vontade.

O apóstolo dos gentios tão bem orientava os irmãos das comunidades cristãs da aurora do Evangelho, pois também recebeu lindas instruções de diversos peregrinos do Senhor. E foi Ananias o responsável pelas primeiras orientações pós-conversão, no momento em que Paulo queria assumir a tribuna como nos tempos em que o jovem rabino convencia a todos os ouvintes com o seu verbo eloquente na antiga Jerusalém. No entanto, os adeptos do judaísmo não estavam dispostos a aceitar a nova doutrina, alguns enxergavam Saulo como traidor, outros criam que ele havia enlouquecido.

Ananias, porém, o fez refletir profundamente sobre a nova posição em que ocupava. Como alguém que ainda não possuía o testemunho da própria vida ao seu favor, poderia convencer os ouvintes? O momento não era de sair às pregações, mas voltar para

CAPÍTULO 15 - O que te convém

dentro de si mesmo e se fortalecer nas verdades que hora o iluminavam. Diante disso, Emmanuel nos revela — novamente em *Paulo e Estêvão* — as primeiras orientações recebidas pelo ainda Saulo, dadas por Ananias:

> *— Sim — explicava o ancião paciente —, o Senhor conferiu-te a tarefa de semeador; tens muito boa vontade, mas que faz um homem recebendo encargos dessa natureza? Antes de tudo, procura ajuntar as sementes no seu mealheiro particular, para que o seu esforço seja profícuo.* [40]

Apesar de bem orientado, isso não bastava, Paulo deveria por si percorrer o caminho atento aos conselhos recebidos. Por isso, procurou o deserto para recomeçar a vida como o homem que procurava um diamante perecível. Renovando-lhe as forças, por meio do trabalho de tecelão humilde, ele buscou juntar as sementes que mais tarde plantaria no coração de toda gentileza nas famosas viagens, secundadas por suas inesquecíveis epístolas.

Na vida, todo ser humano também necessita passar seus desertos espirituais, convém que seja assim. A travessia no deserto íntimo é um movimento individual e essencial para a evolução do homem. Nessa experiência, o espírito encarnado perceberá que ele se encontra só, com Deus; cultivará o sentimento da Esperança em dias melhores; refletirá em qual *bagagem* levará para a referida travessia, pois o excesso pode ser prejudicial; terá miragens muitas vezes — sonhos e aspirações de uma vida melhor —; caminhará, sobretu-

---

40 XAVIER, Francisco Cândido. Paulo e Estêvão. Ed. 45. Brasília: FEB, 2018.

do, para vencer esse momento, pois a certeza de quem se encontrará no deserto existencial deve ser de que isso passará.

Para não faltarmos com o exemplo de Jesus acerca desse ensino, recordamos o momento em que o Cristo, segundo narrativa de Mateus (14:22-33), aparece andando sobre as águas, quando os seus discípulos encontravam-se em uma embarcação que sofria com o *"vento contrário"*.

Quantas vezes nós também não sofremos o vento contrário das adversidades, quando no bojo da nossa embarcação — *vida* — sentimo-nos em perigo de afundar nas *"águas"*.

É necessário esclarecer o sentido da palavra *água*, tantas vezes empregado nos escritos sagrados. Além de representar a substância liquida, da qual compreendemos ser princípio divino, fundamental para o nascer e manter da vida na terra; *água* também serve para remeter os leitores dos textos bíblicos a tudo que representa a *vida na matéria*. Ou seja, o andar sobre as águas de Jesus tem significado de estar *acima das convenções mundanas*. Portanto, em condições de prestar auxílio aos seus seguidores que corriam perigo de afundar nas águas da vida...

Quando o Mestre se manifestou andando sobre as águas ao seu apostolado, no primeiro momento foi confundido com um *fantasma* por todos que estavam naquele barco. Da mesma forma, muitos creem que as adversidades da vida são obra de processos obsessivos. Mas, em grande parte, são convites divinos a uma vida que emerge acima das águas da intemperança e da cobiça humana.

Simão Pedro, o discípulo da emoção e da boa vontade, se adiantou e se dirigiu nestes termos ao Meigo Nazareno conforme

CAPÍTULO 15 - O que te convém

registro do evangelho já mencionado:

E respondeu-lhe Pedro, e disse: Senhor, se és tu, manda-me ir ter contigo por cima das águas.

Pedro, naquele momento, representou os muitos religiosos que querem se aproximar do divino sem esforço. Rogam, insistentemente, a proteção divina distanciado do serviço justo que o aproximará do Senhor. Fé não é apenas aguardar um propósito, mas agir em benefício do próximo, consequentemente de ti mesmo. E foi por isso que Jesus responde Pedro com apenas um verbo — *ação* —, ao qual precisa ressoar em vossa alma constantemente a fim de lhe permitir o movimento ao encontro do Mestre:

E ele disse: Vem.

E Pedro, descendo do barco, andou sobre as águas para ir ter com Jesus.

É lindo observar que Pedro ouve o chamado e consegue também caminhar acima das águas; ou seja, estar sobreposto aos chamamentos do mundo para despertar por meio do Mensageiro Divino. No entanto, assim como todos nós, o movimento de quedas e ascensões é roteiro comum ao espírito encarnado. Por vezes,

179

daremos dois passos para frente e pararemos por um tempo; outras, caminharemos e tropeçaremos. Mas as marcas do que segue Jesus precisam ser a persistência diante da cruz de cada dia. Uma vez mais, a rocha do Cristo nos ensina:

Mas, sentindo o vento forte, teve medo; e, começando a ir para o fundo, clamou, dizendo: Senhor, salva-me!

E é assim que acontece com o ser humano todas as vezes que, diante das adversidades da vida, ainda conhecendo Jesus, se entrega ao convencionalismo do mundo. No entanto, sem desistir ante os próprios equívocos, Simão Pedro ensina o valor da humildade em reconhecer que o espírito encarnado por vezes precisará de ajuda. Ele afundou — entregando-se ao arrastamento do mundo —, mas fez o movimento rogando socorro ao Messias, que não tardou em ajudá-lo.

E logo Jesus, estendendo a mão, segurou-o e disse-lhe: Homem de pouca fé, por que duvidaste?

Não duvides, pois, da influência de Jesus em sua vida. Ainda que estejas passando por provações dolorosas, tenha sempre *"olhos de ver"* e percebas que a misericórdia divina se manifesta em vossas dores, a fim de lhe fazer mais forte.

Paulo de Tarso estava afastado do Cristo, na embarcação do orgulho que corroía seu coração. Mas, assim como Jesus aparece aos apóstolos andando sobre as águas, também convidou Paulo em seu deserto espiritual para que ele contemplasse e se entregasse para

CAPÍTULO 15 - O que te convém

sempre àquela luz mais forte que o sol do meio-dia.

Onésimo caiu como Pedro nas águas dos equívocos diante do seu patrão e da própria vida, enveredando no crime. Mas ali estava Paulo de Tarso orientando-o na famosa prisão da Via Nomentana, como este havia sido orientado por Ananias e Gamaliel no pós-conversão. A exemplo de Jesus, ele segurou nas mãos do jovem presidiário e o trouxe para o alto. Evitando ainda a queda de Filemon, que já caminhava para Jesus desde quando conheceu Paulo nas cercanias de Colossos. Mas que poderia sucumbir e afundar nas águas da vida pela falta de perdão ante a alguém que lhe prejudicou...

Por fim, registramos ainda, uma das profecias de Isaías, que retrata características da vinda de Jesus. O que também é convite a todos os que se dizem seguidores do Mestre de Nazaré:

"Para abrir os olhos dos cegos, para tirar da prisão os presos, e do cárcere os que jazem em trevas". (Isaías 42:7)

Paulo, portanto, colaborava para que as pessoas que cruzassem seu caminho pudessem passar e vencer a experiência do deserto. Ele estendia as mãos, mas esperava pelo movimento espontâneo dos que lhe eram auxiliados.

Se desejas ser um homem de bem intervindo na vida do próximo, precisas aprender a respeitar o momento e o movimento de cada um:

"[...] para que o teu benefício não fosse como por força, mas, voluntário".

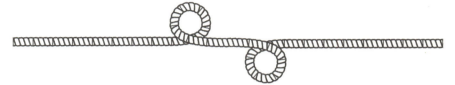

"Porque bem pode ser que ele se tenha separado de ti por algum tempo, para que o retivesses para sempre."

(Filemon 1:15)

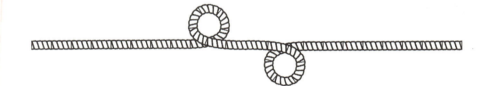

O diário de um detento
CAPÍTULO 16

CAPÍTULO 16 - O diário de um detento

A partir desse pensamento paulino, os presidiários — que se arrependem do crime cometido — e seus familiares passam alimentar a chama da Esperança em que, ao passar o período de reclusão, a convivência se restabeleça sob as bases do amor e da harmonia, possibilitando assim o recomeço.

Mesmo os que não queiram regenerar-se em um novo caminho também sentem saudade, até mesmo os espíritos mais rebeldes e cruéis terão sempre alguém que eles amam e querem o bem. Em maior parte, suas mães!

Como já exposto anteriormente, as prisões amargadas por Paulo e Onésimo, onde a alimentação era comparada a uma *"ração alimentar"*, em que não havia asseio, condições de sono, com muitas contaminações de enfermidades várias, agressões físicas e psicológicas. Além disso, há a convivência entre homens bárbaros que cometeram crimes hediondos ao lado dos que erraram em pequenos delitos e até de inocentes; tudo isso potencializado com o ócio para as mentes e os maus-tratos recebidos, que congelam o sentimento. Infelizmente, mesmo passados dois mil anos, pouco difere da realidade do sistema prisional mundial dos dias atuais.

Por meio dessa análise crítica da dura realidade dos presídios, no Brasil apenas 11% dos que ali adentram pela primeira vez não voltarão a cometer novos crimes. Essa minoria conseguirá retor-

185

nar à convivência com seus entes amados. Porém, 89% voltarão ao cárcere ou morrerão jovens, enveredando a caminhos mais tormentosos para eles e aos familiares que também se encontram aprisionados nesse sistema cruel.

Onésimo recebeu a dádiva de ter o prisioneiro ilustre Paulo de Tarso, que apresentou a ele o poder de transformação em Jesus Cristo. Não apenas pela pregação das Escrituras Sagradas, mas aconselhando-o em relação à vida em seus mínimos detalhes, sempre à luz do Evangelho. Desde a dignidade do trabalho honesto — ao qual Paulo tinha força em abordar, devido ao exemplo de toda uma vida, esforçando-se como tecelão humilde —, falava certamente da humildade em saber reconciliar com os que tinham diferenças, em estudar a palavra de Deus, sem deixar de agir como intermediário da misericórdia divina na vida de outros tantos que jaziam em trevas e desconheciam Jesus.

Quantos Onésimos não temos encarcerados em todos os presídios, separados por muito ou pouco tempo de seus entes amados? Sequiosos de terem na humildade do religioso a personificação de um Paulo para servir-lhe de bom pastor. Dessa forma, por meio deste, ao sair retorne ao regaço familiar ou ainda daqueles que um dia feriu, para harmonização da própria caminhada ante as leis do homem e de Deus. Construir novos presídios, que funcionam como repositório desumano, não é a solução. Aliás, a solução foi sempre a educação do espírito imortal.

O *rap* sempre foi um dos meus gêneros musicais prediletos. Pois, a meu ver, é um grito de socorro da minoria esquecida por grande parte da sociedade. Um alerta para enxergarmos o que se passa dentro e fora dos presídios com uma parcela da população

CAPÍTULO 16 - O diário de um detento

esquecida em diversos aspectos: do saneamento básico ao acesso à saúde; da possibilidade de serem educados aos arrastamentos do tráfico; da falta de lazer ao abandono dos pais...

Aliás, as casas de detenção são reflexo de nossa sociedade tão desigual. Na música intitulada *O diário de um detento*, dos Racionais MCs, composta por Mano Brow, destacamos alguns trechos que retratam a realidade das prisões e dos anseios dos encarcerados de todo o Brasil:

Será que Deus ouviu minha oração?

Será que o juiz aceitou a apelação?

Esse trecho, logo no início da canção, demonstra que no encarceramento o homem passa a ter uma experiência nova com Deus através das súplicas em seu favor. Oração esta que fica tantas vezes sem respostas — *pois o tempo de Deus difere do nosso, e tantas vezes o irmão precisará passar pela corrigenda divina para refazer o percurso* — no mar de sofrimento em que ele vive naquele local.

Assim como a apelação judicial. Pois a maioria esmagadora dos detentos não tem advogados particulares — são negros e pobres — e a morosidade da Justiça é infelizmente outra realidade angustiosa a esses irmãos. Sem contar os absurdos que ocorrem e infligem a própria Constituição. Se maus-tratos, falta de oportunidade de trabalhar e estudar, não progressão de regimes por falta de condições, humilhação a terceiros — familiares dos detentos —, se toda essa repressão a qual os presos são tratados fosse a solução, como muitos

187

acreditam, não teríamos uma reincidência quase total dos primários.

Mando um recado lá pro meu irmão

Se tiver usando droga, 'tá ruim na minha mão!

O ser humano, quando adentra à realidade de um presídio, ainda que não queira sair da vida do crime, ele não desejaria nunca aquela experiência aos seus entes amados. Neste trecho, Mano Brow retrata a droga, que hoje é responsável pela maioria dos crimes cometidos no mundo. Roubos, homicídios, tráficos, agressões a mulheres, maior parte desses delitos são frutos amargos das drogas.

Tirei um dia a menos ou um dia a mais, sei lá

Tanto faz, os dias são iguais

Acendo um cigarro e vejo o dia passar

Mato o tempo pra ele não me matar

[...]Tic, tac, ainda é nove e quarenta

O relógio da cadeia anda em câmera lenta

A ociosidade é um dos maiores problemas do sistema prisional brasileiro. É tão torturante que, além de auxiliar a projeção do pensamento ao aprendizado de novas práticas de crimes com os

188

CAPÍTULO 16 - O diário de um detento

"mais experientes", o tempo passa ainda mais lento. E isso, somado a todas as privações e condições sub-humanas de um presídio, os encarcerados tem como fuga as drogas ilícitas e também medicamentos para dormir e ajudar a *"pagar a pena mais rápido"*.

Conheci um recuperando que, nos relatando alguns fatos que viveu no sistema prisional, contou-nos quantos há que tomam remédios fortes com intuito de dormir por 20, 30 horas seguidas — isso é, quando tem espaço — e assim o tempo passar mais rápido...

Homem é homem, mulher é mulher.

Estuprador é diferente, né?

Toma soco toda hora, ajoelha e beija os pés...

Outro grave problema do sistema prisional é a forma em que a pessoa que cometeu crime sexual é tratada pelos outros detentos e por alguns funcionários do presídio. Correndo riscos de vida diariamente, nada recebem — tratamento adequado — a fim de pelo menos estabilizar seu problema psíquico/espiritual.

Outro ponto positivo de uma Apac é o sigilo quanto ao *"artigo"* em que cometeram. Dessa forma, todos são respeitados como iguais e tratados psicologicamente e metodologicamente de acordo com suas respectivas necessidades.

Cada detento uma mãe, uma crença

Cada crime uma sentença

Cada sentença um motivo, uma história de lágrima...

Impossível não nos lembrarmos das mães dos nossos irmãos encarcerados. Pois são elas, na maioria das vezes, que se mantêm fiéis a eles todos os dias, aguardando ansiosamente o dia da liberdade e transformação do rebento. Fazendo-nos lembrar do que Paulo descreve a Filemon neste trecho da carta:

[...] para que o retivesses para sempre.

Pois a figura materna nunca deixa de acreditar em seu filho, independente do crime que cometeu. Lembramo-nos de Chico Xavier, quando este afirmou que:

"A oração de uma mãe arromba as portas do céu".

Procure, pois, antes de julgar, saber a história do criminoso, que muitas vezes é também vítima da sociedade. Não que isso justifique qualquer crime, mas há em cada olhar do sentenciado uma trajetória que não é posta em jogo em sua sentença ou no processo de sua recuperação. No entanto, o cristão que deseja auxiliar esses irmãos precisa se interessar por sua história e acreditar em sua transformação.

CAPÍTULO 16 - O diário de um detento

Minha vida não tem tanto valor

Quanto seu celular, seu computador

Sim, esta canção foi escrita na década de 1990 e ainda é muito atual. Vejam, muitas vezes, diante da diferença social em que vivemos, para muitos de nós o computador e o celular têm muito mais valor que um encarcerado. E não são números — como são chamados dentro do sistema prisional —, são vidas, que precisam ser tratadas como preciosas, a fim de um dia saírem e retomarem para sempre ao lado dos afetos e se possível reconciliarem com os desafetos.

Hoje "tá" difícil, não saiu o sol

Hoje não tem visita, não tem futebol.

É certo que os que não se encontram encarcerados em prisões humanas pouco ou quase nunca valorizam banhar-se com a luz do sol. Aos irmãos que jazem nos presídios do Brasil, o *"banho de sol"* muitas vezes é retirado por um longo tempo. E o que é o sol se não as energias do próprio Cristo que nos fortalecem após uma noite de trevas? Vivem na escuridão e não podem ter sequer o direito de receber essa luz divina que emana Vida e Esperança em dias melhores.

Sem falar a falta de contato com os familiares, que quando estão presentes são obrigados a passar por constrangimentos inimagináveis. Sendo que a Lei de Execução Penal é clara quando nos fala que nenhuma pena pode atingir outra pessoa senão o condenado. Infelizmente a realidade não é essa.

O encarcerado também tem direito ao lazer, a um momento de distração, que muitas vezes também é impedido.

Alguns companheiros têm a mente mais fraca

Não suportam o tédio, arruma quiaca

Diante de tantos quadros obscuros expostos, que retratam a realidade dos presídios, muitos de fato não conseguem manter-se em equilíbrio — tarefa difícil — e acabam se envolvendo em problemas maiores. Os quais poderão fazer com que corra risco de vida. Além disso, se envolvem ainda mais com facções criminosas, que mais tarde quererão prestar contas de tudo que foi "acordado" entre as partes no período de encarceramento.

Graças a Deus e à Virgem Maria

Faltam só um ano, três meses e uns dias.

O certo é que, ainda que não pareça, todo detento tem sua fé, sua ligação com o Pai. Pois Jesus nos afirma que conhece todas as ovelhas pelo nome. Sim, Ele é nosso bom pastor que guiará cada uma dessas ovelhas perdidas ao aprisco do Pai. E é certo que toda

CAPÍTULO 16 - O diário de um detento

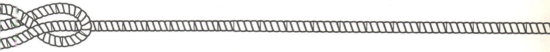

tutela do Cristo, ainda que de maneira inconsciente, é sentida por estes.

No entanto, para que isso ocorra, urge cooperarmos com nossos irmãos encarcerados diante do mundo, para que as nossas algemas fluídicas caiam e também nos liberte do homem velho. Pois, em tarefas como essa, ao final somos nós os que mais receberemos dádivas do alto, por meio da caridade dos próprios detentos e seus familiares — encarnados e desencarnados — para conosco.

Imaginem, portanto, o quanto esses irmãos não anseiam o regresso à tutela segura e harmoniosa do Bom Pastor. Ao levar esperança a esses irmãos, eles começaram a compreender que o distanciamento da família e dos caminhos retos da vida se dará por momentos passageiros, conforme Paulo afirma a Filemon quanto ao seu relacionamento com Onésimo:

"separação por um tempo".

Para tanto, há expectativa de que no reencontro com os seus, iluminados pelo sol do Evangelho, após noite tormentosa, seja para nunca mais haver distanciamento por novos crimes cometidos. Que sejamos Paulos na vida de tantos Onésimos sequiosos de se redimirem!

"Não já como servo, antes, mais do que servo, como irmão amado, particularmente de mim, e quanto mais de ti, assim na carne como no Senhor?"

(Filemon 1:16)

Os superiores e os inferiores

CAPÍTULO 17

CAPÍTULO 17 - Os superiores e os inferiores

A autoridade e o poder diante do mundo também são benefícios emprestados por Deus aos que transitam momentaneamente na terra. Esses bens, caso os beneficiários não façam bom uso, podem perder a qualquer momento tal concessão celeste. Se as possuem, é para melhor instruir e auxiliar aqueles que dele dependem para sobreviver e também evoluir. Não deverá ser utilizado para humilhar e explorar, acreditando que é proprietário de alguém ou de alguma coisa.

Paulo, além de pedir a Filemon que este aceite o seu escravo Onésimo novamente, vai além, pois o orienta a recebê-lo não mais como um servo, e sim como irmão em Jesus Cristo. Esse pedido paulino não nos deve ser visto como uma desobediência aos superiores. Ao contrário, ele oferta uma oportunidade de equilibrar as coisas entre os dois. Se és superior a alguém, seja na posição econômica ou diante do poder, não creias estar ou ser melhor que esse irmão.

Por outro lado, se hoje te encontras na posição de quem serve, o faça com humildade. Assim como ensinou Jesus, tendo como primeiro gesto após a famosa santa ceia — *última reunião de Jesus com seus discípulos antes do memorável dia do calvário* —, foi se vestir como os escravos da época se vestiam e começar a lavar os pés de cada um dos seus discípulos, gesto comum também dos servos para com os seus senhores, arrematando aqueles ensinos com tal afirmativa:

"Vós me chamais Mestre e Senhor, e dizeis bem, porque eu o sou.

Ora, se eu, Senhor e Mestre, vos lavei os pés, vós deveis também lavar os pés uns aos outros". (João 13:4-17)

Diante de exemplificação tão clara do Mestre, fico me perguntando o porquê de muitas vezes nos enxergarmos em condições de superioridade em relação a outro irmão. Seja pela sua condição financeira, pelo emprego que tem, posição ante a religião que professa, da oportunidade de estudo ou ainda se é um encarcerado; este último desacreditado por muitos que se dizem cristãos. Naturalmente, precisam compreender melhor Jesus Cristo, pois este viera aos enfermos oferecer-lhes medicamento eficaz às suas dores.

Certa vez, passando por angústias e conflitos pessoais que culminaram em uma síndrome de pânico, me vi em desespero, onde a vida não parecia ter saída. A qual me demonstrava — segundo minha visão egoística — que se eu não estivesse encarnado poderia trazer menos sofrimento à minha própria família. Foi então, ante os primeiros pensamentos suicidas, que reconheci a necessidade de pedir ajuda.

Fato que muito me marcou, pois procurei uma casa espírita em minha terra natal, com o principal objetivo de desabafar, colocar para fora minhas sombras que se manifestavam em sofrimentos capazes de sufocar minha alma. Se há um trabalho que sempre admirei, foi o atendimento fraterno. E ali me via não como atendente, mas,

CAPÍTULO 17 - Os superiores e os inferiores

sim, um enfermo da alma, independente do conhecimento que a Doutrina Espírita me ofertou desde a infância...

Esse acolhimento cristão foi o primeiro labor exercido por Paulo de Tarso na Igreja de Antioquia. Quando convidado por Barnabé, iniciou seu ministério em prol do Evangelho, sete anos após sua conversão em Damasco. Lá, ele conversava com aqueles que por ali passavam durante o dia — comerciantes de várias regiões — querendo conhecer Jesus. Mas as atividades da igreja só eram noturnas, horário que não estariam mais pela cidade. Paulo, observando esse fato recorrente, oferece-lhes a tenda de trabalho — que foi montada ao lado da igreja — para que pudessem fazer os desabafos de suas angústias, tendo nas palavras de Paulo orientações cirúrgicas à luz do Evangelho. Foi inclusive em uma dessas conversas que ele conheceu um jovem médico, de nome Lucas, ao qual se tornou um dos seus melhores amigos.

Um fato marcante nessa conversão do médico grego foi no momento de se despedir daquela comunidade cristã, agora iluminado à luz de Jesus, o jovem que mais tarde passou a ser conhecido como o *"médico de homens e de almas"*, propôs, conforme registrado em *Atos dos Apóstolos*:

"[...] e em Antioquia foram os discípulos, pela primeira vez, chamados cristãos". Atos 11:26)

O que em *Paulo e Estevão* é retratado em detalhes, pois em verdade Lucas, ao se despedir dos novos irmãos após estar iluminado

199

pelo acolhimento fraterno, afirmou aos então seguidores de Jesus reunidos em assembleia:

> *Os discípulos do Cristo são chamados "viajores", "peregrinos", "caminheiros". Mas há viandantes e estiadas de todos os matizes, O mal tem, igualmente, os seus caminhos, Não seria mais justo chamarmo-nos — cristãos — uns aos outros? Esse título nos recordará a presença do Mestre, nos dará energia em seu nome e caracterizará, de modo perfeito, as nossas atividades em concordância com os seus ensinos.* [41]

Vejam, irmãos, não apenas por essa sugestão da nomenclatura que marcaria para sempre os seguidores de Jesus, mas também por toda a fidelidade de Lucas a Paulo de Tarso e ao Evangelho, da qual observamos nas viagens missionárias do apóstolo dos gentios, tendo sempre ao seu lado o médico amigo. Essa linda história de cumplicidade começou no que conhecemos como *Atendimento Fraterno*.

Trabalho este que me afeiçoei desde os 19 anos de idade e que mais tarde me incentivou a ingressar no curso de Psicologia.

Mas agora era eu quem precisava ser atendido fraternalmente nas minhas angústias, sofrimentos e pensamentos em que a sugestão era de não estar mais vivo no corpo físico. No entanto, a pessoa responsável por esse trabalho naquela noite apresentou um comportamento que tem crescido no movimento espírita. Pois tem

---

41 XAVIER, Francisco Cândido. *Paulo e Estevão*. Ed. 45. Brasília: FEB, 2018.

CAPÍTULO 17 - Os superiores e os inferiores

se substituído o ouvir com paciência a dor do próximo por *"fique tranquilo que os espíritos sabem como lhe encaminhar a um tratamento espiritual..."*. Com respeito e devotamento que tenho à espiritualidade maior, ali eu só queria ser ouvido por um *"encarnado"*. Não temos dúvidas do quanto os espíritos trabalham por nós, em nome de Jesus. Porém, eles também esperam o movimento dos encarnados para que a mediunidade se manifeste de maneira tão sutil que muitas vezes dispensam-se palavras articuladas: *ouvidos para me ouvir, era minha necessidade...*

Temos mensagens espirituais na fonte cristalina do Evangelho que nosso Senhor Jesus Cristo nos trouxe. E, vez por outras, os espíritos superiores vêm confirmá-las. Mas, para tanto, os homens não podem fugir de suas responsabilidades. Confesso que, com toda a minha fragilidade de criança espiritual, não aguardei recebimento de nenhuma mensagem — queria desatar o nó de minha garganta. Saí dali desolado e fiquei imaginando as muitas pessoas que chegam a cometer um suicídio ou um crime porque não são ouvidas. Ou ainda recebem esse tipo de mensagem, que é trivial em maior parte, e permanecem por tempos entrando e saindo de tratamentos, agravando quadros psíquicos, sociais, físicos, emocionais, espirituais...

No dia seguinte, relutei, porém me esforcei e consegui ir para uma visita costumeira na Apac de Sete Lagoas-MG, onde tanto aprendi. Chegando lá, um dos recuperandos disse-me que necessitava ter uma conversa particular comigo. Levou-me até a cela em que dormia ao lado de outros três irmãos; para minha surpresa, me fizeram um pedido:

201

- Rafael, temos percebido nos últimos dias que o senhor não está bem. Sabemos que não temos muito o que oferecer... mas estamos aqui para ouvi-lo no que precisar...

Era o que eu precisava para chorar compulsivamente e aliviar um pouco minhas dores e sombras interiores. Nunca senti tanto alívio em poder ter passado por aquele atendimento fraterno coletivo por meus irmãos, que, assim como eu, encontram-se em recuperação. Naquele dia, não mais os enxerguei como escravos do mundo, como presos que só precisavam da piedade de alguém. Mas, de fato, como irmãos! Foi necessário, portanto, chegar ao auge de um sofrimento para conseguir vê-los como necessitamos enxergar e assim dar-lhes o devido valor.

Quantas lágrimas, quantas dores precisamos ainda para enxergarmo-nos à maneira dos verdadeiros irmãos em Cristo? E é por esse entendimento profundo sobre a vida que Paulo de Tarso recomenda Onésimo a Filemóm, não como um escravo. Mas como um irmão...

Como temos enxergado uns aos outros, sejam aqueles que recebem nossas ordens ou nos dirigem ordens?   Ao final de sua vida, escrevendo para Timóteo, sua derradeira epístola, Paulo de Tarso grafa melancolicamente:

"Só Lucas está comigo...". (II Timóteo 4:11)

CAPÍTULO 17 - Os superiores e os inferiores

Imaginem! Um atendimento fraterno feito com Amor trouxe a Paulo um companheiro para vida inteira. Fiz, na Apac e certamente permanecerei fazendo amigos para eternidade. Talvez, em provações ásperas, a vida poderá nos trazer vários ensinos a esse respeito, fazendo nos deparar com muitos que se fizeram inferiores diante de nossa ignorância serem os que nos estendem a mão, seja no mundo físico ou ainda na vida espiritual.

Por fim, é válido ressaltar que qualquer um a qualquer momento em qualquer lugar poderá exercer o papel do atendente fraterno, do acolhedor cristão. Basta ter boa vontade e exercitar a compaixão em se colocar no lugar do irmão que chora e precisa ser ouvido. Dessa forma, não sereis apenas servos ou senhores, mas irmãos amados uns dos outros; independente da posição que ocupas, a fraternidade será a marca de suas relações interpessoais.

"Assim, pois, se me tens por companheiro, recebe-o como a mim mesmo. E, se te fez algum dano, ou te deve alguma coisa, põe isso à minha conta."

(Filemon 1:17, 18)

Acolher, com Amor

CAPÍTULO 18

CAPÍTULO 18 - Acolher, com Amor

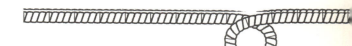

Nesse trecho da carta, Paulo de Tarso passa a ser ainda mais direto com Filemon. Apesar da epístola não ter o teor de uma exigência e, sim, uma sugestão de acolhimento a Onésimo, o destinatário se vê em uma posição de aceitar ou aceitar. Pois o apóstolo dos gentios coloca a amizade deles em balanço.

Não temos dúvidas do quanto Filemon e todos os seus familiares tinham apreço por Paulo, em função dos benefícios espirituais que receberam por meio dele. Negar tal pedido é negar a amizade, carinho e respeito que deviam ao convertido de Damasco.

E, de fato, é esse exercício que todo cristão deve fazer. Acolher com Amor todos os sofredores, imaginando em cada rosto a presença do Cristo, seja personificado em dependentes químicos, do álcool, os que se prostituem, os esquecidos nos hospitais, os que padecem de abandono nos asilos, crianças sem pai e mãe, encarcerados e recém-libertos, mendigos e os que passam fome ou sentem frio. Todos, todos devem ser o convite amoroso de Jesus para sua vida.

Dessa forma, terás sempre um estímulo para praticar a caridade pura, em seu formato mais santo e original, conforme contemplamos na história do cristianismo primitivo.

A esse respeito, lembro-me novamente dos meus avós, pois desde sempre tinham em sua casa um quarto de hóspedes; este estava sempre ocupado por alguém — que a princípio era um desconhecido.

Segundo relatos de minha avó, Maria Antonieta, a alegria deles era sempre quando esses acolhidos eram os filhos do calvário, ou seja, alguém que estivesse passando fome, vivendo em situação de rua, sem trabalho, etc. Lá, além de terem um leito asseado, alimentação, roupa, banho e muito carinho, eram sempre encaminhados para um trabalho e convidados ao recomeço.

Por meio desse apoio, os assistidos por eles poderiam receber não apenas o necessário e emergencial para aquele momento; sobretudo, dignidade para que pudessem seguir a vida com as próprias forças.

Em uma oportunidade, ocorreu um fato intrigante. Já havia um casal de idosos abrigados na casa dos meus avós, quando chega ao local um senhor chamado Antônio, moreno, desgastado pelo sol e pelas lutas da vida, alegando estar passando fome, frio; afirmando ainda viver na rua e sem local para ficar. Sim, as pessoas sabiam que meus avós acolhiam e também os encaminhavam para lá.

Arrumaram, portanto, mais uma cama e o alojaram. Enquanto não conseguissem um trabalho para ele, poderia ajudar na limpeza do terreno, na criação das galinhas, em troca do local para ficar, comida, roupas e alguns trocados ao final dos labores domésticos.

Minha avó, sempre muito preocupada, dizia a vovô:

CAPÍTULO 18 - Acolher, com Amor

"— Agostinho, não pode ser assim, você sempre pega as pessoas na rua sem que as conhecêssemos. Isso é perigoso. Temos aqui as crianças — eram seis filhos, três meninas e três meninos —, e uma hora podemos ter problema!".

Meu avô dava risada e não se preocupava. Enquanto isso, o Sr. Antônio — não era o Antônio Nazareno do qual narramos um pouco de sua vida em capítulos anteriores — ia se familiarizando, cada vez mais afeiçoado à família. Ao final de cada dia, as crianças se reuniam ao seu redor para ouvir daquele senhor os diversos contos e histórias.

Todas as terças-feiras, passou a participar com alegria junto à família do Evangelho no Lar. Certamente, contribuiu muito com aquele senhor, extensivo aos espíritos que o acompanhavam e também recebiam as benéficas do alto.

Aproveito para ressaltar a necessidade desse encontro com Jesus no Lar. Aliás, sempre defendi a tese e permanecerei defendendo que o Evangelho no Lar não deve ser semanal, mas diário. Pois, na mesma proporção que o corpo físico precisa de alimento para sustentar-se e manter-se vivo, o espírito precisa do pão da vida no ambiente doméstico, a fim de que o espírito esteja sempre com vida. Exemplos disso, temos na família de Jeziel/Estêvão e Abigail, que liam os pergaminhos sagrados todos os dias. Jesus na casa de Pedro fazendo o culto doméstico diariamente, temos no livro *Os Mensageiros*; a história da viúva que em meio às dores do mundo não deixava de refletir sobre o Novo Testamento diariamente ao lado dos filhos, o que fez o seu lar se tornar um ponto de luz e apoio a centenas de trabalhadores da vida maior... Enfim, são vários os exemplos dessa necessidade. E, aos que gostam de Paulo de Tarso, Chico afirmou que um dos trabalhos que ele tem no mundo espiritual nos dias atuais é apoiar todos os que fazem o culto diariamente, com disciplina e amor...

Quase um ano havia se passado desde que Antônio encontrava-se hospedado na casa dos meus avós. Foi então que ao final de um dia meu avô chega em casa apavorado, com medo, chama vovó para uma conversa e diz:

"— Antonieta, você não vai acreditar! Estava na banca de jornal e na página Procurados pela Justiça estava Antônio, mas o nome dele não é esse, é Amauri. Ele é foragido da justiça do Estado de São Paulo após ter cometido vários crimes e fugido do presídio...".

No dia seguinte, com medo da reação de Antônio/Amauri, vovô tomou coragem e disse a ele que a família faria uma viagem de férias, ficariam fora por mais de 30 dias e, na casa, estariam apenas o casal de idosos que lá morava. Dessa maneira, uma funcionária iria lá uma vez por dia para levar a comida dos velhinhos; portanto, ele deveria escolher um lugar que pudesse ir para recomeçar a vida, que vovô compraria as passagens.

Apesar de sempre acolher a todos, naquela situação vovô ficou receoso com o que poderia ocorrer, tendo em vista a proteção

CAPÍTULO 18 - Acolher, com Amor

da família ante um fugitivo da Justiça.

Naquele momento, Amauri, que se tornou Antônio e apesar de não ser o Nazareno, com certeza teve seu encontro com Jesus de Nazaré, através daquela família que o proporcionou ter um Lar, ser acolhido com amor e semanalmente compartilhar o Cristo com aquele irmão, por meio do culto.

Amauri, após receber um valor em dinheiro para prover as primeiras necessidades, partiu. Muito emocionado e agradecido por tudo que havia recebido, afirmando ainda que:

"Neste Lar, e através de vocês, hoje eu sou um novo homem. Aqui vivi os melhores momentos de minha vida quando eu vivia o pior momento de minha existência! Vocês não imaginam o quanto contribuíram para minha transformação íntima...".

Sim, eles não só imaginavam, como sabiam! Dessa forma, meus irmãos, é o ser humano sempre maior, muito maior que seus erros. Ninguém resiste à força do Amor!

Paulo recomenda a Filemon acolher Onésimo, mas acolher como se estivesse acolhendo ele mesmo. Por isso, devemos aprender a acolher todos os nossos irmãos com muito carinho, seja qual for nosso labor em nome de Jesus Cristo.

Nos dias atuais, concordamos que a criminalidade aumentou em barbaridades. Antigamente, o dependente químico era viciado em maconha, hoje temos cocaína, heroína e o crack como drogas

211

mano ao ponto de parecer um animal. Além disso, há 30, 40 anos, os homens cometiam crimes individualmente; hoje, há facções e atrocidades que antes não eram cometidas a esse nível, com raras exceções.

A vigilância precisa fazer parte de nossa conduta caritativa. Mas esta não deve ser maior que nossa boa vontade e amor em servir os deserdados de sorte, os prediletos de Jesus. O salmista Davi, inspirado por forças espirituais da Vida Maior, nos relata qual o olhar do Senhor aos presos e sentenciados à morte espiritual:

"Pois olhou desde o alto do seu santuário, desde os céus o Senhor contemplou a terra, para ouvir o gemido dos presos, para soltar os sentenciados à morte".(Salmos 102:19-20)

Ouça também todos os que batem à sua porta, dando a estes a oportunidade de serem também livres em Jesus Cristo. Quem sabe, em outros tempos, não foram meus avós os que iniciaram Antônio/Amauri no crime...

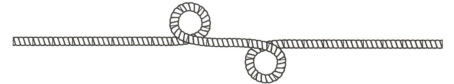

"Eu, Paulo, de minha própria mão o escrevi; eu o pagarei, para te não dizer que ainda mesmo a ti próprio a mim te deves."

(Filemon 1:19)

Devedores

CAPÍTULO 19

CAPÍTULO 19 - Devedores

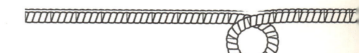

Já nesse trecho da carta, Paulo afirma que pagaria todo débito que Onésimo tinha com Filemon — certamente, relativo ao roubo — e que pouparia o fundador da igreja de Colossos em falar publicamente — na carta — sobre qual dívida ele tinha com Paulo. A meu ver, a dívida era a própria vida dele e de toda a família; pois, através da revelação do Evangelho, renasceram para uma nova existência.

Imagine o ser humano, que em geral não perdoa conforme recomendação de Jesus — 70 x 7 (Mt 18:21,22) —, sem limites; e não consegue perceber que Deus, nosso pai, perdoa-nos o tempo todo; mesmo sabendo do nosso passado, das nossas sombras interiores e de tantas iniquidades já praticadas. Nem por isso nos expõe, tampouco deixa de crer em nossa redenção. Paulo fazia o mesmo com Filemon, não expôs por que salvou a vida dele e ainda demonstrou que acreditava em seus trabalhos junto aos Colossenses. Reforçando uma vez mais no acolhimento que daria ao seu ex-escravo, Onésimo.

Me recordo, ainda em minha pré-adolescência, uma visita fraterna que pude fazer ao lado do meu pai. Naquela ocasião, como era de costume, ele foi levar uma cesta básica a uma família necessitada de mantimentos. Além do alimento, papai sempre entrava — me fazia ir e acompanhá-lo —, aceitava um cafezinho e não podia deixar de ter com os prediletos dele aquele *"dedinho de prosa"* costumeiro das famílias mineiras.

O que me impressionava era *o olhar* de esperança e alegria que exalava das criancinhas que abraçavam meu pai como se o fizesse a um grande benfeitor. Dos olhos maternos, transparecia-lhe os sentimentos de alívio e alegria, pois sabia que naqueles próximos dias o necessário não vos faltaria. Do meu pai, os olhos exalavam a mesma alegria e esperança, em estar ali compartilhando aquele momento de família — espiritual e carnal. Aquela mãe solteira narrava que as crianças perguntam todos os dias se falta muito para o André ir... Outra observação, apesar de necessitados do alimento material e da gratidão em recebê-lo, eles queriam mesmo era a atenção de uma conversa, um acolhimento...

A partir de então, sempre ficamos habituados a esse tipo de ação, pois assim fomos educados — carregando a certeza de que não fazíamos mais que nossa obrigação enquanto cristãos —, sem que achássemos que nós éramos os caridosos. Aprendemos, portanto, que estávamos ali, pois éramos nós os verdadeiros necessitados. Se não estivéssemos ali, Deus colocaria outros intermediários para levar aquele socorro material. Então, nossa escolha era o bem em favor dessas famílias, consequentemente conhecíamos parcelas da felicidade.

Em uma dessas peregrinações ao lado do meu progenitor, adentramos a um lar tão bom ou até melhor estruturado que o nosso. Uma televisão nova, boa geladeira, sofá confortável e alguns outros detalhes que me chamaram a atenção. Em verdade, comecei a ficar incomodado, me lembrando de que em nossa casa as coisas já não estavam tão fáceis e papai tinha gastado uma quantia considerável

CAPÍTULO 19 - Devedores

com a feira daquela família, que aparentemente estava melhor que a nossa. Portanto, não deveria ser caridade. Ao contrário, estávamos era deixando aqueles irmãos mal-acostumados e preguiçosos ante as doações, enquanto eles poderiam estar trabalhando.

Ao final da visita, eu questionei meu pai quanto à condição deles, com tudo que a casa estava equipada. No que ele, sempre muito coerente, respondeu:

"— Meu filho, até as pessoas que têm televisão, carro, computador, etc. estão sujeitos a passar por momentos difíceis. Naquele Lar, o esposo foi sempre o sustentáculo da família, está desempregado; a mulher, que ajudava fazendo alguns quitutes para vender, está com câncer e impossibilitada de trabalhar; as crianças são pequenas, gastam muito com medicamento e já perderam até a casa que era própria por dívidas no banco... Vamos orar muito por eles e pedir a Jesus para dar-lhes paciência e resignação, enquanto pudermos vamos permanecer os ajudando também materialmente".

Ainda sem compreender bem aquela situação, insisti:

"— Mas, pai, a situação lá em casa tá tão difícil, não acho justo. Eles podem vender os móveis".

No que meu pai, pacientemente, me falou com firmeza e outra vez me ensinou valores de vida eterna:

"— Filho, ser caridoso quando temos de sobra é muito fácil. Dividir o necessário é o segredo para estarmos perto de Jesus!".

Hoje, agradeço a Deus por ter tido os pais que pude ter. Não há educação melhor que o exemplo familiar. Algum tempo depois deste último fato narrado, nossa situação foi ficando cada vez pior. Papai também adoeceu gravemente, e às vezes com 10 reais — que eram moedas que juntávamos de um troco e outro — ele e Mamãe precisavam fazer mágica para colocar o alimento do dia na mesa para nós cinco. Lembro-me de uma manhã em que o olhar de papai transpareceu desespero. Pois em nossa dispensa havia acabado tudo e também não sabíamos a quem recorrer, pois no último mês minha avó paterna — que sempre nos socorria — já havia ajudado muito. Foi então que, alguns minutos depois, sem que pedíssemos, chegou minha outra vovozinha, materna, a Senhora Edna Maria, a qual nos deixou há alguns anos...

Detalhe, Vovó Edna sempre passou por muitas dificuldades, criou os cinco filhos sozinha, em uma época muito difícil, como cabeleireira. Aquele momento também era de provações para ela, com um câncer que a fez desencarnar pouco tempo depois e vivendo com o mínimo necessário, apareceu em nossa casa com uma cesta básica...

CAPÍTULO 19 - Devedores

Sim, em nosso lar, que tinha televisão, computador, sofá confortável, etc. Impossível não emocionar e perceber a importância de tais ações. Dos olhos dos meus pais, o mesmo brilho que eu via nos olhares de tantos beneficiados deles. Agora, sim, eu havia compreendido a lição!

Alguns dias depois do desencarne de papai, pegando o celular dele — detalhe, ele passou os últimos dois anos de vida muito debilitado, mal saindo de casa e sem quase toda a visão —, descobrimos alguns grupos de *WhatsApp* os quais eram formados por pessoas que ajudavam outras pessoas com donativos, e assim ele o fez a vida toda no anonimato...

Papai, além de nos levar discretamente às tarefas-assistências, continuava fazendo trabalhos outros sem mesmo que a esposa ou filhos soubessem. Há um movimento paralelo ao que de fato é espiritismo que levanta a bandeira de que não se deve prestar assistência com alimentos aos infortunados de sorte, que precisam de Evangelho. A esses, narro uma pequena história de Chico Xavier, quando este foi questionado por um espírita discursando à maneira do falso moralista:

Chico, você não acha que deve ensinar toda essa gente a pescar... ficar dando o peixe para elas não adianta...

No que Chico respondeu com firmeza, demonstrando a todos nós que barriga vazia não ouve Evangelho. Mas que, após suprir as primeiras necessidades — do corpo —, o ser está apto a receber as verdades eternas do Cristo:

Como ensinar a pescar os que não tem forças para segurar a vara? [42]

Não nos esqueçamos, porém, que somos todos devedores da misericórdia divina. Portanto, não fazemos mais que a obrigação em servir nossos irmãos caídos no caminho. Amanhã, nós poderemos estar também necessitando de uma mão a nos levantar ou um pão a nos sustentar. Devemos questionar menos e ajudar mais. Se ficarmos com os detalhes no que se refere a assistência social, nunca estaremos com Jesus. Mas, sim, com os nossos falsos julgamentos. Como Paulo de Tarso afirma a Filemon neste trecho da carta:

"[...] não dizer que ainda mesmo a ti próprio a mim te deves".

Antes, pois, de apontar ou ser juiz de causa alheia, observe suas más tendências, lembre-se dos vossos erros. Não para amargurar-se em vitimizações, mas como um grande aviso/convite, que tem por objetivo lhe mostrar o quanto Deus tem sido misericordioso com suas falhas.

Dom Helder Câmara deixou um grande legado. Em especial pelo que fez. Registro abaixo uma de suas frases que foram imortalizadas. Pois tal afirmativa representa meu papai, o qual tanto amo. Assim como esse trecho da carta de Paulo a Filemon que nos recomenda a indulgência diante dos necessitados e a perseverança

---

42 *História narrada por Carlos A. Baccelli, amigo e biógrafo de Chico Xavier.*

CAPÍTULO 19 - Devedores

diante da tarefa assumida:

"Feliz de quem atravessa a vida inteira tendo mil razões para viver".

O que tem nos movido, críticas, julgamentos e calúnias? Ou a caridade desinteressada, que sabe valorizar e se emocionar com o olhar dos nossos irmãos do caminho?

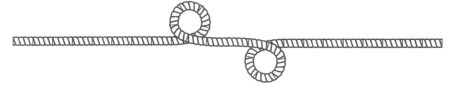

"Sim, irmão, eu me regozijarei de ti no Senhor; recreia as minhas entranhas no Senhor. Escrevi-te confiado na tua obediência, sabendo que ainda farás mais do que digo."

(Filemon 1:20,21)

Obediência e Caridade

CAPÍTULO 20

CAPÍTULO 20 - Obediência e Caridade

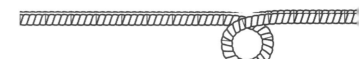

Após todas as recomendações relativas a Onésimo, Paulo de Tarso afirma que se alegrará no fundo de sua alma com a postura acolhedora de Filemon. Mais uma vez, o apóstolo dos gentios trabalha o reforço positivo na carta. Tendo em suas palavras como certo o perdão do fundador da Igreja de Colossos.

Além disso, Paulo afirma que confia na *obediência* de seu amigo. Ser compromissado com as verdades do Pai não é tarefa fácil. E o que é ser obediente senão estar submetido à vontade do Senhor da Vida, ainda que os desígnios machuquem seu ego, esforce diuturnamente para vencer a ti mesmo. Por isso, o ex-discípulo de Gamaliel afirma:

[...] *farás mais do que digo.*

Não há dúvidas de que o melhor professor é o que vivenciou a lição verbalizada. Francisco de Assis afirmou aos que buscam transformar-se em Jesus Cristo: *"onde estiveres, pregue o Evangelho, se necessário usando palavras..."*. Aquele, portanto, era o grande momento da vida de Filemon e Onésimo. Pelo exemplo, demonstrariam a toda a comunidade o coroamento da Caridade por meio do Perdão.

Partindo desse princípio e observando todas as atitudes do Cristo que antecederam a sintonia divina de seus lábios, nas bem-aventuranças, percebe-se que seu exemplo fez suas palavras se elevarem à altura do Criador. Pois, antes mesmo de verbalizar a síntese das virtudes do alto, Mateus registra no início do 5º capítulo — item primeiro — do teu Evangelho que Ele:

"Vendo a multidão".

Observou não somente os que ali se aglomeravam para aprender com suas inesquecíveis pregações, mas enxergou todas as ovelhas que estavam na terra e que estariam na posteridade. Enxergando, assim, nossas fraquezas, sombras, teve compaixão e, com infinita misericórdia, com seu olhar bondoso, ascende ao monte das oliveiras.

Atrás do olhar de cada detento existe uma história, uma família física/espiritual, e, o mais importante, a Centelha Divina habitando o íntimo desses irmãos, esperando um regador de sonhos acreditar em sua transformação e o auxiliar nesse momento difícil de sua jornada de evolução.

Como não lembrar o olhar dos vossos familiares!? Quantos há que se surpreendem ao descobrir o envolvimento dos filhos nas drogas, no crime, na desesperança e até no suicídio. Muitas vezes, é a falta de tempo para observar os detalhes de olhares de crianças e jovens clamando por socorro espiritual. Quando Paulo escreve ao seu filho do espírito Timóteo — 1ª carta, no capítulo 5, item 8 — nos

CAPÍTULO 20 - Obediência e Caridade

afirma: *"Mas, se alguém não tem cuidado dos seus, e principalmente dos da sua família, negou a fé, e é pior do que o infiel"*. Seja, portanto, um legítimo imitador de Jesus Cristo, a começar por vossos lares, nos gestos mais simples, como o realizado pelo Messias antecedendo as bem-aventuranças, o olhar. Já no item 2, do capítulo 5°, Mateus continua:

"Subiu a um monte".

Esse segundo verbo, subir, não representa apenas um lugar geográfico alcançado pelo Mestre. Mas um estado de *espírito*. Após enxergar nossas necessidades espirituais por meio do olhar, Jesus se eleva a tal ponto que entra em conexão mediúnica com o Pai Celestial da maneira mais pura. Sim, a ligação do Cristo era direta com o Criador. Ao qual Ele sabia ser obediente, para, então, ser verdadeiramente caridoso com a humanidade inteira.

A subida para o monte das oliveiras representou muito mais do que o demonstrado nos filmes bíblicos sobre a vida do Cristo. Representou, sobretudo, um dos fenômenos mais puros — mediunicamente falando — entre criatura e criador da história humana.

Como está vossa frequência espiritual? Com a tua sintonia, costumeiramente, e em teu lar? São perguntas importantes para fazer a ti mesmo, a fim de melhorar sua interação espiritual, consequentemente de vossa família. Quando Paulo afirma: *"eu me regozijarei de ti no Senhor"*, ele demonstra a alegria íntima em que lhe invade o ser quando observa a conexão dos seus irmãos com o alto, por meio de atitudes.

Observando essa ligação dos lares com o alto, transcrevo abaixo uma das mensagens de nosso pequeno grande livro *Centelha do Cristo*, na mensagem intitulada *Oração em Família*:

Dedique-se diariamente às reflexões do Evangelho redentor em Família. O culto ao Altíssimo deve ser considerado como a água límpida que o Mestre tanto recomendou. Persista um tanto mais e discipline, em seu lar, momentos diários para leitura e comentário da Boa Nova. Não houve e não haverá notícia melhor do que a anunciada por Gabriel:

"e o anjo lhes disse: não temais, porque eis aqui vos trago novas de grande alegria, que será para todo o povo: pois, na cidade de Davi, vos nasceu hoje o Salvador, que é o Cristo, o Senhor". (Lucas2:10:11)

Paulo não apenas dirige essa carta a Filemon, ela é uma mensagem extensiva à sua esposa e ao seu filho. Uma carta convite a exercitar as virtudes evangélicas, a fim de todos os membros daquela família estarem em conexão com nosso Senhor Jesus Cristo, que, aliás, não precisa mais ser esperado como foi por séculos pelo povo Judeu. O Cristo já é real e nos convida ao encontro com Deus por meio Dele.

Outro ponto a se considerar quando se fala em conexão com Deus é sobre mediunidade. Não pensem que essa ligação é feita apenas por meio de fenômenos mediúnicos ostensivos. Mas, em especial, é realizada de forma sutil, sem que as pessoas percebam;

CAPÍTULO 20 - Obediência e Caridade

a intuição pura será sempre a melhor mediunidade. Pois te moverá sempre ao sentimento de compaixão à dor do próximo, mesmo aqueles que tenham errado contra você ou contra a sociedade. Existem muitos espíritas preocupados em receber o espírito X ou Y, nomes que ficaram consagrados como grandes médiuns — em especial Chico Xavier — e acabam se perdendo... Dificilmente tem médium querendo "receber" o *Zé Ninguém* aos olhos do mundo...

Enquanto isso, Jesus, cujo poder o fez criar o próprio planeta que nos acolhe como morada, quando entrou em mediunidade pura com Deus, nosso criador, teve como terceiro gesto o narrado por Mateus (5:1) abaixo:

"E, assentando-se".

Ainda que o Nazareno estivesse em processo mediúnico ostensivo com nosso Pai, Deus, ele mantinha-se assentado. Extraindo novamente o espírito da letra, afirmamos que essa terceira ação — *assentar* — significa estar em posição de igualdade com os demais. Mesmo sendo instrumento de comunicação pura com as esferas mais altas da Vida. A humildade também marca a obediência.

E é esse movimento de igualdade que devemos ter diante dos nossos irmãos encarcerados. Não nos julgar maior que eles, tampouco os considerar indignos de nossas orações e movimentos.

No lar, uma vez mais, podemos e devemos exercer o assentar com os nossos. Tendo dos filhos o devido respeito, precisamos deixar de lado o falso moralismo que muitas vezes deixa a criatura

231

consagrada como um tirano doméstico.

Não há dúvidas de que a consequência de olharmos mais aos que nos carcam, valorizando os gestos, buscar na oração diária nossa conexão com o alto, tendo sempre a humildade de nos colocar como iguais aos nossos irmãos de caminhada, será a descrita por Mateus também no capítulo 5, item 1º:

"Aproximaram-se Dele seus discípulos".

Após os três gestos — *olhar, subir* e *assentar* — que antecederam as pregações do mais famoso discurso do nosso Senhor Jesus Cristo, houve uma reação do povo. Vejam, apenas os discípulos se aproximaram. Ou seja, Ele observa uma multidão — humanidade —, mas quem está perto é quem faz o movimento, nesse caso quem O segue. Jesus nos vê a alma, conhece cada um de nós pelo nome, em essência. No entanto, com seu olhar compassivo, ligado ao Pai, encontra-se próximo, em condição de irmos ao Seu encontro. Mas essa aproximação só se dará por meio da obediência, fazendo a vontade do Pai em benefício de seus irmãos em caminhada. Mahatma Gandhi — grande pacificador — recebeu a visita de uma nobre mulher que lhe pediu um favor:

— Senhor, meu filho é diabético e precisa parar de comer açúcar e não consegue, já falamos com ele da gravidade da situação. Mas ele não para. O Senhor poderia conversar com ele?

CAPÍTULO 20 - Obediência e Caridade

— *Sim, traga-o em duas semanas.*

E, assim, a mãe retornou após aquele período, levando consigo seu filho. Gandhi, de maneira simples, mas profunda disse a ele:

— *Pare de comer açúcar!*

A mãe, surpreendida com a postura do grande pacificador, perguntou a ele o motivo de ter dito algo tão simples apenas depois dessas duas semanas, no que Gandhi respondeu:

— *Porque há duas semanas eu também comia açúcar...*

O ser humano tem uma tendência enorme de enxergar o erro nos outros e querer ofertar um discurso falso moralista. Comece por aí, seja o Mestre do exemplo com os que convivem em seu círculo mais próximo. Poucas serão as vezes que precisará utilizar palavra articulada.

Lidando com pessoas que cometeram algum tipo de crime, serás para ela uma referência moral, cuide para não cairdes em tentações, pois através de ti muitos se levantarão; a exemplo de Paulo e Onésimo.

Após a própria exemplificação de Gandhi, suas palavras tiveram — ainda que simples e poucas — um alcance cirúrgico no

233

coração e na mente daquele jovem. Um exemplo vivo do que está transcrito no livro *Pensamento e Vida*, de autoria espiritual de Emmanuel, pelas mãos de Chico Xavier, recebemos a orientação abaixo:

> *"A mente é o espelho da vida em toda parte. [...] Definindo-a por espelho da vida, reconhecemos que o coração lhe é a face e que o cérebro é o centro de suas ondulações, gerando a força do pensamento que tudo move, criando e transformando, destruindo e refazendo para acrisolar e sublimar".* [43]

Ou seja, quando você vive o que prega, as ondas eletromagnéticas do seu querer são envolvidas pela sua essência, que se encontra no seu sentimento. Dessa forma, vivendo em sociedade você terá sempre influência nos pensamentos e nas ações dos outros. No entanto, o bem sempre influenciará mais que o mal, que em verdade é apenas ausência do primeiro. Emmanuel, na referida obra, arremata o tema afirmando:

> *Em todos os domínios do Universo vibra, pois a influência recíproca. Tudo se desloca e renova sob os princípios de interdependência e repercussão. O reflexo esboça a emotividade. A emotividade plasma a ideia. A ideia determina a atitude e a palavra que comandam as ações.* [44]

---

43 XAVIER, Francisco Cândido. *Pensamento e Vida*. Ed. 19. Brasília: FEB, 2013.
44 XAVIER, Francisco Cândido. *Pensamento e Vida*. Ed. 19. Brasília: FEB, 2013.

CAPÍTULO 20 - Obediência e Caridade

A forma que você sente os estímulos externos (emoções), que são associados às ideias que cria — consequência de seus princípios e propósitos de vida —, dá rosto e força ao que transmitirá ao seu próximo.

Essa grande energia antecede as palavras. Por isso, os que amam e praticam suas próprias pregações conseguem atingir a alma de seus interlocutores. Portanto, o melhor professor será sempre aquele que diz muito antes mesmo de abrir a boca. Pois seu verbo é uma eloquente fonte energética de amor e Vida. Este carregará sempre as marcas da obediência ao Pai, tendo na caridade e no exemplo da própria vida seu maior testemunho.

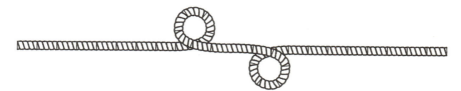

"E juntamente prepara-me também pousada, porque espero que pelas vossas orações vos hei de ser concedido."

(Filemon 1:22)

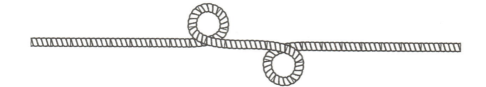

Hospedeiro

CAPÍTULO 21

CAPÍTULO 21 - Hospedeiro

Qualquer cristão em sã consciência gostaria de receber o Apóstolo Paulo de Tarso em sua casa. Aliás, faria de tudo para que isso ocorresse. No entanto, qual se dispõe a receber Saulo — perseguidor cruel de cristãos — ou algum filho do calvário que errou criminosamente. Na história narrada alguns capítulos atrás entre meus avós e Antônio/Amauri, se eles soubessem o que ele havia feito, será que teriam feito o mesmo... É difícil saber!

Nesse trecho da virtuosa carta, já finalizando suas considerações, o amigo dos gentios não só pede hospedagem para uma possível viagem — que não houve tempo de ocorrer —, mas instrui Filemon para que ele prepare o acolhimento. Qual preparação seria essa, apenas da casa ou de um quarto? Partindo do princípio de que todos os escritos sagrados são letras para o espírito, certamente esse *preparar a pousada* vai além das concepções humanas em simplesmente receber alguém.

Como tens preparado sua habitação para receber Jesus? Ou melhor, quem tem recebido em nome Dele? Além disso, a habitação íntima precisa ser a primeira a passar por reformas e adequações para o recebimento do Mestre, que tantas vezes se apresentará na figura dos deserdados de sorte.

Ser um hospedeiro, portanto, é muito mais que receber alguém em seu ambiente doméstico. A hospitalidade, portanto, é caracterizada pelos lares que te fazem sentir em paz, onde a harmonia e a concórdia fazem parte dos que ali vivem. Nessas residências, todos são bem-vindos e se sentem bem. Para tanto, é indiferente a religião naquela edícula ou a crença que se professa em uma mansão, o que menos importa é se eles possuem estudo, dinheiro ou poder diante do mundo. O essencial é enxergar em qualquer ser humano a imagem de ti mesmo; dessa forma, a recepção será sempre agradável e inesquecível. Escrevendo aos hebreus (13:2), Paulo também discorre sobre a hospitalidade:

> *"Não vos esqueçais da hospitalidade, porque por elas alguns, não o sabendo, hospedaram anjos".*

A esse aspecto, segundo o que é narrado na obra Paulo e Estêvão, três mulheres se destacam: Eunice e Loide — mãe e avó de Timóteo, respectivamente —, que sem que o conhecesse, receberam Paulo de Tarso e Barnabé em vossa casa. Detalhe, eram duas viúvas — não era comum viúvas hospedarem homens desconhecidos, ainda que eles portassem cartas de recomendação —, que moravam na cidade de Listra. Da mesma forma que não era comum homens aceitarem esse tipo de acolhida.

Quebrando e vencendo preconceitos, ambas puderam se aproximar mais de Deus, com aquela amizade verdadeira que nasceu de uma hospedagem. Um dos frutos mais belos desse acolhimento sincero e espiritual foi o filho da alma do apóstolo dos gentios, Timóteo — filho e neto de Eunice e Loide, respectivamente.

CAPÍTULO 21 - Hospedeiro

Outra mulher, digna de destaque por ser uma legítima hospedeira, foi Lidia, que Paulo conheceu durante a segunda viagem missionária. Ao lado de Lucas, Silas e Timóteo, chegaram a Filipes, primeira cidade em que pregariam o Evangelho na região da Macedônia e no ocidente. Tão logo puderam, dirigiram-se ao local onde costumavam dedicar-se às orações, à beira do rio Gangas, na referida cidade.

Surpresos, os missionários se depararam apenas com mulheres e meninas em orações. Paulo, como de costume, não perdeu tempo e com extremo respeito pediu a palavra e começou a pregar a Boa Nova do Reino.

Nunca em uma primeira assembleia houve tanta comoção. As mulheres ali presentes choravam discretamente, emocionadas com as verdades que por meio de Paulo atingiam o coração das ouvintes. Uma delas, comerciante de púrpura, viúva e com coração bondoso, era Lídia. A respeito dela, *Atos dos Apóstolos* (16:14) afirma:

"O Senhor lhe abriu o coração para que estivesse atenta ao que Paulo dizia".

Após ter sido batizada na nova Fé, ofereceu naquele mesmo instante a própria casa para hospedar Paulo e Silas, constituindo no próprio seio doméstico o primeiro templo cristão do ocidente.

"Ela simplesmente nos fez ir...". (Atos 16:15)

241

Assim como a famosa cristã de Filipos, igreja que mais tarde recebe uma preciosa epístola Paulina, existem nos dias atuais muitos irmãos que são verdadeiros hospedeiros do Senhor. A história narrada há alguns capítulos do acolhimento costumeiro feito por meus avós é um exemplo. No entanto, gostaria de transcrever ao papel uma história que marcou minha vida no último ano.

Um jovem de nome Fernando Rangel, da cidade de Belo Horizonte – MG, funcionário de uma grande empresa internacional com subsede no Brasil, com formação em dois cursos superiores, uma especialização e — do ponto de vista apenas materialista — com um futuro maravilhoso em sua carreira no mundo corporativo.

Ocorre, porém, que um sonho fez tudo isso virar de cabeça pra baixo. Aliás, de cabeça para o alto...

Em desdobramento espiritual, Fernando sentiu-se envolvido por um sentimento de muita angústia, que corroía seu coração ao nível de desespero. Ainda sem compreender aquele sonho, ele visualiza uma criança que chorava muito. O mais forte, através do olhar, a pobrezinha expressava todos os sentimentos e sofrimento absorvidos pelo médium da compaixão, nosso irmão Rangel que espiritualmente absorvia todas as sensações dela.

Ao despertar daquele sonho com características de pesadelo, ele permaneceu lembrando-se do rosto daquela menininha, assim como sentindo toda angústia e sofrimento emanado por ela. No mesmo dia, ainda inquieto, foi ler as notícias costumeiramente e se deparou com uma matéria online que mudaria sua vida para sempre.

Pois se tratava de uma reportagem com uma família de refugiados venezuelanos que precisavam muito de ajuda para recome-

CAPÍTULO 21 - Hospedeiro

çar a vida. Pasmem! A garotinha do sonho era uma das crianças filha daquele casal que precisava de hospedagem.

Fernando naquele momento não teve dúvidas, ele deveria fazer algo. Não bastaria ler e se compadecer mentalmente enquanto havia tanta lágrima e sofrimento.

No mesmo dia, entrou em contato com alguns amigos próximos, que começaram a se mobilizar para acolher como hospedeiros de Deus uma família de refugiados. Alguns meses se passaram com grandes movimentos de estudo e compreensão de como fazer e o que oferecer aos refugiados. Nessa busca, por exemplo, o Fernando conheceu o *Fraternidade sem Fronteiras*, que já auxiliava os irmãos venezuelanos em Roraima no projeto *Brasil, coração que acolhe*.

Foi então que, liderados por Fernando Rangel, aqueles amigos começaram a receber as primeiras famílias. A primeira delas, Tajiris Cristina, que ao lado do esposo e dos dois filhos, contava com uma casa mobiliada e com muito amor esperando chegar os beneficiados. Aliás, aos olhos de Deus, é difícil afirmar quem receberia mais bênçãos naquela situação.

Alegria, acolhimento, amor em movimento! Um Refúgio para quem não tinha um teto e um futuro incerto. Qual endereço? Não sei. Mas o número era 343. Ali começava a ONG humanitária Refúgio 343, que após um ano desse primeiro gesto de hospedeiros de Deus e até a data atual já acolheram 200 famílias venezuelanas, somando mais de 614 irmãos que tiveram as vidas transformadas.

Um sonho que foi concretizado no Amor. Sim, meus irmãos, a vida é feita de movimento, basta crer e agir. E é por isso que Jesus sentencia como Legislador da Vida:

243

"Era estrangeiro, e hospedastes-me". (Mt 25:35)

Prepare, pois sua casa sentimental a fim de estar bem disposto a receber os que baterem em sua porta. Muitas vezes, os que julgamos ser necessitados de hospedaria serão os que nos hospedarão na paz da consciência tranquila pelo dever cumprido.

Paulo alerta a Filemon para preparar a pousada. Deus vos pedirá abrigo no rosto de parentes em dificuldades, filhos problemas, desconhecidos outros que vos darão oportunidade de exercer o papel do bom hospedeiro.

"Desde agora a coroa da justiça me está guardada, a qual o Senhor, justo juiz, me dará naquele dia; e não somente a mim, mas também a todos os que amarem a sua vinda". (II Timóteo 4:8)

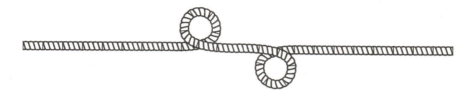

"Saúdam-te Epafras, meu companheiro de prisão por Cristo Jesus, Marcos, Aristarco, Demas e Lucas, meus cooperadores. A graça de nosso Senhor Jesus Cristo seja com o vosso espírito. Amém."

(Filemon 1:23-25)

Cooperadores do Senhor

CAPÍTULO 22

CAPÍTULO 22 - Cooperadores do Senhor

Paulo finaliza essa carta espiritual falando sobre *amizade* e *cooperação*, demonstrando uma vez mais que seu labor não era esforço de um só homem. Mas de uma coletividade que ele, enquanto líder do movimento cristão, soube extrair o melhor de cada colaborador, envolvendo-os nas tarefas mais santas, ainda que fossem fracos a priori, mas se tornaram grandes.

Porque quando estou fraco então sou forte.

(2 Coríntios 12:10)

Chico Xavier também sabia o valor dos irmãos encarcerados e os tratava como verdadeiros companheiros, como se observa na história que transcrevemos abaixo, extraídas do livro *Entender Conversando*, de Chico de Xavier/Emmanuel, no item 38 com o título Visita à Penitenciária, e no sequente 39 *Carinho aos Reeducandos*:

Continuando a entrevista, o médium Francisco narrou fatos interessantes ocorridos durante uma visita que fez à Penitenciária de São Paulo.

No momento, comentava-se sobre o livro Falou e Disse, sua lin-

249

guagem, colocação de recados, etc..., e com aquele seu modo simples de falar, sua humildade para colocar fatos e situações, ele começou:

— Sabe que na Penitenciária de São Paulo o livro está entrando muito? Já fui lá duas vezes, antes de ficar doente. A Diretoria da Casa pediu àqueles que quisessem ouvir a prece e a palestra, se inscrevessem — 542 se inscreveram. Eu estive com esses 542 companheiros. Foi um encontro tão agradável que tive vontade de passar férias na cadeia. Não para ficar descansando, mas pra conversar toda noite com os que pudessem conversar, mesmo na cela — porque lá tem espíritos brilhantes, maravilhosos..

P – Na cela, há espíritos maravilhosos?

R- Ali dentro da Penitenciária.

P – Na condição de preso, né?

R – De presos. Desses 542, um me disse:

— Pois é, Chico Xavier, nós somos tratados por números. Muitos são os presos e os cárceres, então têm que colocar número, nº 3, nº 14, isso dá muito desgosto.

Então eu disse assim:

— Meu filho, quem é de nós hoje que não é tratado por número? É número de telefone, de carro, de casa, do CEP, não sei de que, do CIC, nós ainda estamos com mais números que

CAPÍTULO 22 - Cooperadores do Senhor

você. Só que agora estamos na cela ambulante e vocês estão na fixa. Eles riram muito. Há muita gente boa presa, nós temos que compreender a situação deles...

P - Chico, os espíritos brilhantes que estão lá dentro têm a tarefa de ajudar a recuperar os outros que estão nessa situação, é por isso que estão lá dentro? Ou cometeram e estragaram a reencarnação?

R - Absolutamente, e a gente tem que compreender a situação deles, porque eles todos estão com o coração na flor dos olhos, mas pedindo entendimento. Terminada a reunião, na hora de sair da sala, eu disse ao diretor:

— Eu quero sair daqui, mas antes eu quero beijar e abraçar a todos.

Ele falou para mim:

— Deus me livre. Não, senhor. Você não vai abraçar nem beijar ninguém.

Então eu disse a ele:

— Não, senhor doutor, eu não viria aqui fazer prece, para depois me distanciar dos nossos irmãos. Não está certo. Haverá tempo, o senhor disse que só precisará do salão daqui a uma hora e tanto... sendo assim, eu lhe peço licença para abraçar".

— Chico, nesse salão, no outro dia, mataram um guarda de 23 anos. Afiaram a colher até virar punhal. Mataram e não se soube quem matou. Aqui tem criminosos com sentenças de 200 a 300 anos,

251

eles podem te matar...

— Pouco importa, vim aqui para o encontro e o senhor não me permite abraçar?

— Então você vai fazer o seguinte: você vai abraçar através da mesa — (Deus me livre). Tem que recuar esse povo que veio com você (umas 40 pessoas). Ficam só duas senhoras tomando note porque seus encontros serão rápidos e nós vamos colocar 18 baionetas armadas em cima. Se houver qualquer coisa você morre também.

Eu fiquei na frente e comecei a abraçar os 542. Eu abraçava e beijava; muitos que falavam comigo, um segredinho, podia falar assim... meio minuto. Dos 542, só um, de uns 40 anos, chegou perto de mim e ficou impassível como uma estátua. O diretor estava ali perto de mim e eu pedi às duas senhoras que dessem a cada um, uma rosa; quando aquele chegou e ficou parado, eu disse a ele:

— O senhor permite que eu o abrace?

— Perfeitamente — respondeu-me.

Então eu o abracei, mas ele estava ereto.

— O senhor deixa que eu o beije?

— Pode beijar.

Eu beijei de uma lado, de outro, beijei quatro vezes, aí duas lágrimas rolaram dos olhos dele. Então ele disse:

— Muito obrigado.

CAPÍTULO 22 - Cooperadores do Senhor

E foi embora. Foi o único que ficou ereto, mas chorou... mas todos receberam o abraço.

Nessa mesma obra, no item 9, Chico Xavier responde uma pergunta também atual, em especial aos espíritas que são a favor da pena de morte:

P – De vez em quando aparece alguém que, em virtude de algum problema social mais grave — a violência, por exemplo — pede a pena de morte. O senhor concorda?

R – A pena deveria ser de educação. A pessoa deveria ser condenada, mas é a ler livros, a se educar, a se internar em colégios, ainda que seja, vamos dizer, por ordem policial.

Mas que as casa punitivas, hoje chamadas de casas de reeducação, sejam escolas de trabalho e de instrução. Isso porque toda criatura está sentenciada a evoluir e nunca sentenciada à morte pelas leis de Deus, porque a morte tem seu curso natural.

Por isso, acho que a pena de morte é desumana, porque ao invés de estabelecê-la devíamos coletivamente criar organismos que incentivassem a cultura, a responsabilidade de viver, o amor ao trabalho.

O problema da periculosidade da criatura, quando ela é exagerada, esse problema deve ser corrigido com a educação, e isso há de se dar no futuro.

Porque nós não podemos corrigir um crime com outro, um crime individual com um crime coletivo. [45]

---

45 XAVIER, Francisco Cândido. *Entender Conversando.* Ed. 1. Araras: IDE, 2015.

E, nesse espírito de companheirismo e compaixão, meus irmãos, retomamos a história de Onésimo, que teve sua vida transformada por Paulo através do exercício do perdão, reconciliando-se com Filemon, que de fato o acolheu como um irmão, neutralizando entre eles quaisquer arestas passadas. Ele, que poderia ter sofrido a pena de morte, conseguiu o abraço e o beijo da liberdade por meio do reajuste entre vítima e criminoso, tendo por juiz desta causa Paulo, que já desempenhava o que nos dias atuais os juristas denominam *Justiça Restaurativa*.

Logo, chegando a Colossos, todos puderam ver a dedicação e entrega do ex-escravo à causa do Evangelho, sua força de vontade em ser melhor e neutralizar todo mal que havia feito. Talvez por isso exista mais festa no céu por uma ovelha arrependida que volta ao aprisco que 99 que se dizem justas...

Tornou-se peregrino de palavras e ações em benefício dos deserdados. Onésimo passou a ser liderança para transformação de outras almas que haviam cometidos crimes. Rapidamente, ele se consolidou como uma das grandes referências da igreja fundada por João Evangelista em Éfeso e em toda a região da antiga Frígia — atual Turquia. Logo após Timóteo deixar a direção daquela igreja primitiva, foi ele, o escravo arrependido, que assumiu como bispo de Éfeso.

Mais tarde, sob ordem do imperador Domiciano, Onésimo é encarcerado e martirizado em Roma, local em que se libertou das algemas físicas e iniciou sua caminhada de escravo do mundo após convite generoso do apóstolo dos gentios, Paulo de Tarso. Esforçou-se, diariamente, para dar frutos de arrependimento até o dia em que foi apedrejado e decapitado — há muitas tradições que afirmam

CAPÍTULO 22 - Cooperadores do Senhor

que sua morte ter sido em Roma.

Mas, por inspiração dos amigos do alto, podemos afirmar que Onésimo foi martirizado no porto de Pozzuoli. Sim, naquele mesmo local em que Paulo de Tarso desembarca ao lado do centurião Júlio e é chamado pela primeira vez de *O Prisioneiro do Cristo*. Ali, portanto, havia um outro encarcerado, não mais do mundo. Pois Onésimo também se tornou um *Prisioneiro do Cristo*.

O fato é que ele também havia se libertado das algemas fluídicas que nos prendem à carne. Sendo nos dias atuais considerado um santo pelos nossos irmãos católicos e para nós, espíritas, um guardião espiritual dos encarcerados. A eles e a todos nós, presos da meteria densa, transcrevo abaixo a oração do nosso São Onésimo:

"Ó Deus, que destes a Santo Onésimo a graça de conhecer-vos quando estava na prisão, já sem esperança de uma vida melhor. Por intercessão de Santo Onésimo dai também a nós a graça de conhecer-vos, mesmo estando em nossas prisões interiores. Liberta-nos de toda escravidão como fizestes a Santo Onésimo e fazei de nós evangelizadores pela Palavra e pelo testemunho de vida. Por nosso Senhor Jesus Cristo, vosso filho, amém. Santo Onésimo, rogai por nós".

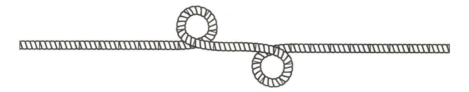

"Combati o bom combate, venci a carreira, guardei a Fé."

(II Timóteo 4:7)

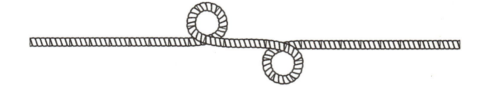

Liberdade

CAPÍTULO 23

CAPÍTULO 23 - Liberdade

Algumas semanas após escrever sua derradeira epístola — *II Timóteo* — e entregá-la a Lucas para que ele pedisse a dois amigos que a levassem ao teu filho amado, Paulo de Tarso foi martirizado em Roma para alçar seu voo de liberdade no plano maior da vida, que ele mesmo discorre escrevendo a 2ª carta aos Coríntios — 12: itens 2 e 4 — como sendo o terceiro céu e o paraíso respectivamente...

Segundo o sempre mencionado *Paulo e Estêvão* e que nesta obra nos serviu como bússola evangélica — pois é um tratado espiritual superior que nos revela o cristianismo em seus mínimos detalhes —, Paulo de Tarso, apesar de ter sido decapitado, experimenta novas e indescritíveis sensações de bem-estar espiritual. Pois ascende ao mundo dos espíritos desvinculando das dores do corpo velho e alquebrado após tantas lutas acerbas em prol do Evangelho. Apesar de novamente se encontrar cego, conforme ocorrera algumas décadas antes no inesquecível encontro de Paulo com Jesus às portas de Damasco, ele sentia-se seguro e bem disposto. Mas, em dado momento, a emoção invade o seu íntimo em um misto de saudade e surpresa:

— Irmão Paulo... — *começou a dizer o recém-chegado.*

— Ananias!... Ananias!... *E caiu de joelhos, em pran-*

to convulsivo. [46]

Após as primeiras alegrias reservadas por Jesus a Paulo na vida Maior, ele ainda ouve, emocionado, a voz e respectiva cura de Ananias, conforme ocorrera na rua da Direita, na hospedaria de Judas na Damasco antiga...

As promessas do Cristo são reais, meus irmãos. Nenhum ser humano, independente do seu passado de erros escabrosos, estará sujeito à pena eterna. Todos, sem exceções, foram criados para caminhar ao encontro da Luz eterna de Esperança e Paz.

Aprendamos com Ananias, sendo a luz aos cegos, tirando as escamas oculares daqueles que ainda não puderam contemplar a claridade do Evangelho Redentor! Neste momento, o convite é para enxergarmos o quanto necessitamos abdicar de nossos caprichos, pegar a cruz de cada dia e ser fiéis e constantes na causa do Senhor e, dessa forma, transpor portas estreitas em prol do Evangelho.

Chegará o tempo que todo esforço de sermos o farol aos que tateiam as trevas da ignorância humana iluminará os nossos caminhos a fim de que também possamos contemplar o que está reservado aos legítimos libertos em Cristo, conforme observamos em Paulo, segundo afirmativa de Ananias:

Um dia Jesus mandou que te restituísse a visão, para que pudesses conhecer o caminho áspero dos seus discípulos e hoje, Paulo, concedeu¬-me a dita de abrir-te os olhos para a contemplação da vida eterna. [47]

---

46 XAVIER, Francisco Cândido. *Paulo e Estevão.* Ed. 45. Brasília: FEB, 2018.
47 XAVIER, Francisco Cândido. *Paulo e Estevão.* Ed. 45. Brasília: FEB, 2018.

CAPÍTULO 23 - Liberdade

Ademais, a liberdade será sempre ladeada por nossas responsabilidades que fluem da consciência reta, local onde está transcrita a Lei de Deus, que regula a forma que podemos e devemos enxergar a vida, estando sempre, cada um, condicionado segundo as próprias obras.

Utilizando-se bem de sua liberdade de pensar e agir ante os compromissos íntimos com os princípios herdados do Mestre Nazareno, sob a égide da responsabilidade cristã, o homem vai ampliando suas capacidades de escolha e labor.

Paulo de Tarso, desde que conquistou responsabilidade espiritual de um Prisioneiro do Cristo, ainda que encarcerado aos olhos do mundo, portava-se como Liberto e, por isso, muito trabalhou, mesmo dentro das prisões humanas. Sobretudo porque sua consciência estava livre das amarras do orgulho e egoísmo por meio de processos de reconciliação e compaixão ante as misérias humanas. E é por isso que Ananias o convida novamente ao movimento do espírito, explicando ainda sua nova condição espiritual na vida além-túmulo:

Levanta-te! Já venceste os últimos inimigos, alcançaste a coroa da vida, atingiste novos planos da Redenção!... [48]

Levanta-te quantas vezes for preciso! Pois todas as provações que passares com coragem, renúncia e movimentando-se serão, na vida espiritual, irrisórias diante das dádivas celestes reservadas ao filho fiel à causa do Pai misericordioso e justo.

---

48 *XAVIER, Francisco Cândido. Paulo e Estevão. Ed. 45. Brasília: FEB, 2018.*

Os Prisioneiros do Cristo - Rafael Lavarini

A terra por muitos séculos será está prisão/escola, pois tem como objetivo privar o espírito de sua verdadeira liberdade para que ele se eduque diante das lutas do mundo. Muito esforço contínuo é necessário para romper as algemas dos vícios terrenos, da sexualidade desgovernada, dos excessos de alimentação. Sobretudo da ganância, do egoísmo que alimentam desenfreadamente o ego dos que caminham na invigilância.

Entre quedas e ascensões, o homem vai aprendendo a enxergar as verdades da vida eterna. Após muito sofrimento, percebe que deverá dedicar sua vida e seus dons ao serviço de Jesus! Imaginem o quão belo deverá ser contemplar as verdades eternas com os olhos do espírito:

— Vê, novamente, em nome de Jesus!... Desde a revelação de Damasco, dedicaste os olhos ao serviço do Cristo! [49]

Paulo de Tarso é roteiro luminoso a todos nós, errantes, que há milênios temos nos afastado do serviço justo, buscando sempre os destaques sociais, sendo movidos pela preguiça e cobiça. Pois não foi em vão que um grande perseguidor passou a se tornar realizador da vontade de Deus no coração do homem. Percorrendo mais de 16 mil quilômetros a pé para levar as gentes de todos os cantos a Boa Nova do Reino. Açoitado inúmeras vezes, apedrejado, sofrendo diversos naufrágios e ainda Prisioneiro de Jesus Cristo, abdicou do sonho juvenil de constituir família para lutar em favor de todos nós que somos os *Coríntios, Hebreus, Filipenses, Colossenses, Romanos, Efésios, Tessalonissenses, Gálatas, somos também Timóteos, Titos e por que*

49 XAVIER, Francisco Cândido. *Paulo e Estevão. Ed. 45. Brasília: FEB, 2018.*

CAPÍTULO 23 - Liberdade

não Filemon e Onésimos!

Esse é o legado do homem de Tarso, dos qual somos beneficiários, portanto somos responsáveis em utilizarmo-nos de todo esse cabedal de instrução para abrirmos as grades de nossas prisões.

E, assim, termos um dia a liberdade do espírito que nos levará ao encontro do Mestre, como o foi com Paulo:

Contempla, agora, as belezas da vida eterna, para que possamos partir ao encontro do Mestre amado!... [50]

Já observando as belezas da vida eterna, quando mal acabará de ter as primeiras surpresas, Paulo de Tarso pôde rever seu pai espiritual, Gamaliel. Como se não conseguisse conter tanta felicidade e bem-estar, vislumbrou a chegada de dezenas de amigos cristãos que o haviam antecipado na morte do corpo físico.

Antes que o Apóstolo do Perdão pudesse ter seu reencontro com os seus prediletos — Estêvão e Abigail — e o próprio Cristo, aquela luz mais forte que o sol do meio-dia, ele começou a ouvir um coral da vida eterna que o recebia ao lado de tantos amigos queridos.

Como se tentasse compreender qual canção aquelas vozes argentinas elevavam aos céus, com emoção indescritível, pôde ouvir de Ananias:

Este é o hino dos prisioneiros libertados!... [51]

---

50 XAVIER, Francisco Cândido. *Paulo e Estevão*. Ed. 45. Brasília: FEB, 2018.
51 XAVIER, Francisco Cândido. *Paulo e Estevão*. Ed. 45. Brasília: FEB, 2018.